소수의견

Dissenting Opinion

소수의견

Dissenting Opinion

박권일 잡감 雜感

자음과모음

서문

잡감雜感을 시작하는 잡담雜談

이 책은 박권일의 잡감雜感이다. 잡감이란 말이 생경할지 모르겠다. 특별하고 엄청난 의미가 숨어 있는 단어는 아니다. 나는 이 단어를 어릴 적 읽은 루쉰의 글에서 발견했다. 루쉰은 소설가이지만 당대 중국 사회의 여러 문제에 개입하고 때로 격렬한 논쟁도 불사한 지식인이다. 사실 '소설가 루쉰'을 좋아하진 않는다. 그의 소설 속 문장들은 아무리 번역일지라도, 늘 실망스러웠다. 그러나 '계몽 지식인 루쉰'은 좋아한다. 그의 짧은 에세이들은 반짝거리고 서슬 퍼랬다. 상대의 폐부를 곧장 찔러 들어가는 맛이 있지만 황량하고 강퍅하지만은 않았다. 유머와 낙관이 배어 있었기 때문이다. 그런 짧은 글들을 루쉰은 '잡감'이라 불렀다.

잡감을 한자 그대로 풀이하면 '여러 가지 잡다한 감상들' 정도의 의미겠다. 잡감은 논문이 아니며 문학도 아니다. 요컨대 '학學'이나 문文'이 아니라 '감感'이고 '촉觸'이다. 나에게 글쓰기는 기본적으로 지성적인 작용이 아니다. 글을 쓰려면 먼저 감과 촉이 쫑긋 일어서고 분기가 탱천하거나 눈물이 글썽 맺히거나 배꼽이 빠지게 웃는 과정을 거쳐야 한다. 지성이 작동하는 건 그다음이다. 원인과 상관관계를 체크하고 불분명한 개념들을 명료화시키는 작업을 거쳐 하나의 칼럼이 나온다. 감성과 지성 중 어느 것이 더 중요하다고 말할 수는 없지만, 감성이 선행하지 않고선 지성이 작동하지 않는다. 나에게 잡감이란, 감과 촉이 지적 여과를 거쳐 나온 생산물이다.

이 책은 언론에 썼던 사회 비평을 추려낸 것이다. 대부분은 「시사IN」에 연재했던 칼럼이며 다른 매체 기고문도 필요에 따라 골라 실었다. 세상의 모든 글이 마찬가지겠지만 특히 이런 종류의 글은 '정권'이라는 맥락과 분리될 수 없다. 나의 직업생활은 우연하게도 혹은 필연적이게도 정권 교체와 묘하게 맞아떨어진다. 노무현 후보가 대통령으로 당선된 며칠 후 공채시험을 보고 기자가 됐다. 수습 딱지를 떼자마자 처음 쓴 기사가 두산중공업 노동자 배달호 씨의 자살에 관한 것이었다. 노동자의 자살은 내내 이어졌다. 정규직, 비정규직 할 것 없이 정말 많은 사람들이 죽어갔다. "해방 이후 가장 개혁적인 정부"라는 노무현 정권 시기 비정규·불안정 노동은 날이 갈수록 확산되었다. 하지만 정부는 '어쩔 수 없는 시대의 흐름'이라거나 '경직된 노동계가 더 문제'라는 식의 반응으로 일관했다. 지금 '김진숙의 크레인'으로 유명한 한진중공업 85호 크레인은 그녀의 절친한 동지이자 덕망 높은 노동운동가였던 김주익 씨가 노무현 정권 시기 노동자 탄압에 항의하며 농성하다 끝내 목숨을 끊은 크레인이다. 당시 내 취재수첩엔 늘, 장례식장 향 냄새가 묻어 있었다.

매체가 이런저런 불미스런 상황에 휘말리면서 어쩔 수 없이 기자일을 그만두었고 평소 갖고 있던 문제의식, 한마디로 '청년 세대의 불안한 노동'을 풀어낸 책을 한 권 썼다. 그게 『88만 원 세대』이다. 공저였기 때문에 온전히 나의 문제의식을 담아내지 못한 부분이 있고, 반면 내가 생각하지 못했던 부분이 담겨 있기도 하다. 어쨌든 그 책은 생각 이상의 사회적 반향이 있었다. 이런저런 언론에 글을 쓰는 칼럼니스트 생활을 본격적으로 시작하게 된 계기도 『88만 원 세대』라 할 수 있다.

그렇게 나의 직업생활 2기, 칼럼니스트로서의 삶은 이명박 정권과 함께 시작했다. 이 책의 대부분이 이명박 정권, 즉 2007년 연말부터 2012년 봄까지 썼던 글이다. 읽어보면 금방 알겠지만 그중 '이명박 정권만' 신나게 깐 글은 별로 없다. 누구나 까는 '가카', 더 맛깔나고 통쾌하게 까는 것도 분명 일종의 재주일 테다. 다만 그런 일에 나는 전혀 흥미도 재능도 없다. 나보다 훨씬 잘하는 사람들이 많기 때문에 별 걱정도 하지 않는다. 이명박 시대가 "1987년 이후 가장 거대한 퇴행"이라고 핏대를 세우는 사람들이 많다. 퇴행이라는 데에야 동의하지만 아마도 그들과는 이유가 전혀 다를 것 같다. 그들은 이명박 정권을 전두환 정권에까지 비견하는데, 아무리 이명박이 나쁜 대통령이라 해도 자국 시민을 학살한 살인마와 동급으로 격하시키는 건 과장이다. 내 보기에 이명박 시대가 퇴행인 이유는 김대중-노무현 정권을 마치 좋았던 시절인 것처럼 착각하게 만들기 때문이다.

이명박을 악마화하는 지식인들, 유명 인사들 중 일부에게는 김대중-노무현 정권이 정말로 태평성대였을지 모르겠다. 그러나 김주익 씨가 목을 맨 85호 크레인에 올라갔던 날의 공포가 생생하게 남아 있는 나는 도저히 그런 태평한 말을 할 수가 없다. 노동과 경제라는, 쉽게 말해 '먹고사는 문제'에서 1987년의 성과를 송두리째 퇴행시킨 건 이명박이 아니라 김대중-노무현이었다. 노동/경제라는 관점에서 이명박은 김대중-노무현의 충실한 계승자일 뿐이다. 그래서 내 글은 이명박 정권만을 때릴 수가 없다. 많은 사람들에게 영향을 끼치는 중요한 사회문제일수록 더욱 그렇다. 최소한 두 개, 또는 세 개 이상의 정권을 관통하는 어떤 역사성이 있기 때문에 늘 그 부분을 염두에 두고 글을 쓰게 된다.

제목인 '소수의견Dissenting Opinion'은 본래 법률 용어다. 찾아보니 같은 제목의 소설이 몇 해 전 나온 적이 있는데, 이 책과 무관하다. 소수의견은 다수결로 최종 결정이 이루어지는 기관에서 다수를 점하지 못해 폐기되는 의견을 가리킨다. 대표적으로 대법원의 판결이 있다. 소수의견이 중요한 이유는 이것이 단지 폐기된 의견이 아니라 시대가 변함에 따라 다수의견이 될 가능성이 적지 않기 때문이다. "오늘의 소수의견이 내일의 상식이 될 것이다." 소수의견의 존재 의의는 거기에 있다. 내 글의 논지는 대부분 한국 사회에서 소수의견에 속한다. 앞에다 '극'자를 붙여야 할지도 모르겠다. 진보 진영은 스스로 사회적 소수자라 생각할 테지만 내 주장은 진보 내에서도 소수의견이다.

소수이고 싶은 사람은 별로 없다. 누구나 다수가 되기를, 다수의 지지를 얻기를 욕망한다. 그럼에도 불구하고 그것이 옳기 때문에, 더 아름답기 때문에 다른 목소리를 내는 사람들도 있다. 어릴 적에 내가 다수의 사랑을 받을 수 있을 거란 터무니없는 착각에 빠진 적이 있었지만 스무 살이 넘어가며 내 운명을 직감했다. 나는 내 주장이 사회의 상식이 되길 바란다. 그것이 옳기 때문이기도 하지만, 사회에 눈곱만큼이라도 도움이 될 수 있을 거라 믿기 때문이다. 솔직히 말해 그런 맹목적인 믿음조차 없다면 이런 시대에, 이런 글을 쓰며 욕이나 먹는 '미친 짓'을 어떻게 이어나갈 수 있겠는가. 할 수만 있다면 나도 '가카' 또는 박근혜만 줄기차게 까거나 불쌍한 청춘들 위로나 해주는 멘토로 살고 싶다. 그런데 능력은 둘째 치고 타고난 비위가 약하니 어쩔 수가 없다. 도무지 역겨워서 그런 짓을 할 수가 없다.

  이 책이 나오게 된 데 결정적인 역할을 한 인물이 있다. 이택광 선생이다. 그가 출판사에 '제보'한 덕에 꼼짝없이 붙잡혀 계약서에 사인을 하게 됐다. 뼛속 깊이 감사드린다. 자음과모음 강병철 사장과 정은영 주간께도 감사의 말을 전한다. 이 책이 만일 좋은 평가를 조금이라도 얻게 된다면, 그 공은 나의 온갖 불평을 받아내며 일정을 진행한 문여울 편집자에게 돌아가야 한다. 물론 책 내용상 모든 잘못에 대한 책임은 저자인 나에게 있다.

2012년 6월 박권일

차례

서문　　　**잡감雜感을 시작하는 잡담雜談**　　5

잡감 하나　**정치의 거리**　　13

잡감 둘　　**온라인 브리콜라주**　　51

잡감 셋　　**낯선/날 선 일상들**　　105

잡감 넷　　**오늘의 이데올로기 비판**　　163

잡감 다섯　**88만 원 세대, 그 이후**　　217

잡감 하나 / **정치의 거리**

동물은 속물의 미래다

참여정부가 5년 동안 보여준 말과 행동의 괴리, 위선적 사고방식은 '속물'의 특성이다. '동물'은 일단 행동하고 본다. 이명박 대통령은 말한다. "해봤어?" 똥인지 된장인지 굳이 맛봐야 아는 '동물의 왕국'이 4년 11개월 남았다.

구멍가게 의자에 모로 앉아 한쪽 팔을 등받이에 걸쳐두고 클라우드 나인 담배를 꺼내 문 남자. 퇴임한 노무현 전 대통령을 찍은 한 장의 사진이 꽤 인기였다. 어느 네티즌은 이렇게 썼다. "긴 항해를 마치고 돌아온 남자의 뒷모습은 얼마나 아름다운가!" 물론 그 네티즌이 '노빠' 또는 '전직 노빠'라는 데 500원 걸겠지만, '노간지'라는 별명이 괜히 붙은 게 아니다. 내가 봐도 '간지 작살'이었으니.

한참 동안 사진을 들여다봤다. 우리 동네 목욕탕 사장님 같기도 하고, 언젠가 고속도로 휴게소에서 나에게 담뱃불을 빌

리며 멋쩍게 웃던 아저씨를 닮기도 했다. 이 소박한 사나이와 함께 보낸 지난 5년, 그 시절은 대체 무엇이었을까. 우리는 왜 그토록 그를 사랑했고 또 혐오했을까.

   2002년에 개봉한 홍상수 감독의 영화 〈생활의 발견〉에서 연극배우 경수는 이렇게 말한다. "우리, 사람 되긴 힘들어도 괴물은 되지 말자." 아직도 사람들이 입에 올리는 '명대사'다. 뜬금없이 영화 얘기를 꺼낸 건, 이 말이 참여정부와 그 지지자들의 정치적 무의식을 건드리기 때문이다. '괴물은 되지 말자'는 말의 기능은 사람들에게 최소한의 윤리적 마지노선을 요구하는 게 결코 아니다. 그 말이 기능하는 부분은 다른 데 있다. 오히려 "내가 비록 인간 같지 않은 짓을 하고 있지만 최소한 괴물만 아니면 괜찮은 거지"라는 식의 은밀한 도덕적 위안을 안겨주는 것이다.

   참여정부의 출범부터 그랬다. 〈생활의 발견〉이 개봉했던 바로 그해 대선에서 예의 비판적 지지론이 기승을 부렸다. 즉 최선을 택하기보다 최악(한나라당 집권)을 피하자는 것인데, 이 논리는 '최소한 괴물은 되지 말자'는 말과 정확히 동일한 구조를 갖고 있다. 여기서 '최선'이란 당연히 자기가 속한 계급의 이익에 복무하는 정당에 투표하는 것이다. 실제로 많은 노동자가 한나라당의 집권을 막기 위해 민주노동당을 제쳐두고 민주당 후보에 표를 몰아줬다.

대표적 재벌 개혁 정책인 출자총액제한제도는 참여정부 5년 동안 글자 그대로 누더기가 됐고, 순환출자 금지 논의도 스리슬쩍 사라졌다. 인수위 시절 반드시 관철하겠노라 공언했던, 그리고 비정규직 문제의 핵심인 '동일 가치 노동 동일 임금' 원칙 역시 정부가 출범하자마자 증발해버렸다. 지난 5년, 서민의 살림살이는 전혀 개혁되지 못했다. '개혁'과 '진정성'이라는 말을 그 어느 정부보다 남용했음에도 불구하고.

속물은 욕망에 좌우되는 존재, 동물은 욕구에 솔직한 존재

이런 말과 행동의 괴리, '최소한 괴물만 아니면 된다'는 사고방식, 바로 속물의 특성이다. 속물에 대한 역겨움이 '참된 인간'에 대한 갈망으로 승화한다면 좋겠지만, 유감스럽게도 그런 일은 거의 벌어지지 않는다. 귀찮고 불편하기 때문이다. 그러므로 속물은 필연적으로 '동물'을 불러오게 돼 있다. 즉, 동물은 속물의 미래다.

속물이 욕망^{desire}에 좌우되는 위선적 존재라면, 동물은 욕구^{needs}에 솔직한 존재다.

타인의 시선? 그게 밥 먹여주니? 배고프니까 먹고, 마려우니까 싸는 거다. 미로에 갇힌 생쥐는 생각하기보다 움직인다. 길이 막히면 다른 길로, 또 막히면 또 다른 길로. 해보고 또 해본다. 이명박 대통령이 가장 즐겨 쓴다는 말은 그래서 감동이다. "해봤어?" 똥인지 된장인지 굳이 찍어 먹는 '동물의 왕국'. 이제 딱 4년 11개월 남았다.

— 『시사IN』 29호, 2008년 4월

촛불 소녀의 '분노와 혁명'

한국 사회에서 '광장'은 늘 남성의 공간으로서 가부장적 위계와 군사 용어로 얼룩져왔다. 한데 이번 청계광장에서는 수많은 10대 소녀가 촛불을 들고 몰려나와 "너나 먹어 미친 소!"를 하늘 높이 외쳤다.

소녀시대, 아니 '소녀 혁명의 시대'다. 과장이나 수사가 아니다. 2008년 5월 대한민국에서는 진짜 혁명적인 사건이 벌어지고 있다. 5월 2일과 3일 서울 청계광장에는 엄청난 수의 10대가 모였다. 그것만으로도 놀랄 일인데, 더욱 충격인 건 이들 중 다수가 소녀라는 점이다. 생기발랄한 환호성만 들으면 마치 콘서트에 온 듯 착각할 정도다. 하지만 소녀들이 하늘 높이 쏘아올린 함성은 아이돌 스타의 이름이 아니었다. "너나 먹어 미친 소!"

르네 마그리트의 그림을 보는 듯했다. 평범한 사물이 익숙한 자리를 벗어났을 때의 생경함과 위화감. 초현실주의적 광경이 서울 한복판에서 펼쳐지고 있었다. 나처럼 놀란 어른이 많았나 보다. 곧장 이런 질문을 던진다. "독서실, 집, 학원에 있어야 할 소녀들이 왜 저기 있나?" "누가 순진한 저들을 꼬여서 집회장에 동원했나? 불순한 정치 세력이 배후에 있는 것 아니냐?"

'꼰대'들이 꼰대일 수밖에 없는 건 인지능력의 결핍 때문이다. 자기들이 이해할 수 없는 사건이 일어나면 반사적으로 보청기와 색안경을 착용한다. '음모론'이라는 보청기와 '배후설'이라는 색안경을. 이런 보조기구가 없으면 꼰대들은 현실을 있는 그대로 받아들이지 못한다. 그들의 의심에도 불구하고, 미국 쇠고기 수입 반대 촛불문화제는 '광장의 권력'이 교체됐다는 사실만을 담백하게 보여줄 뿐이다. 심지어 배후로 지목된 '운동권'과 '좌빨'조차 당혹스러움을 감추지 못한다. 이제 시답잖은 음모론과 배후설은 치워버리고 그저 소박하게 물어보자. "무엇이 소녀들을 거리로 나서게 했는가?"

10대 소녀만이 아니다. 촛불문화제에 참석한 사람 중에 특히 여성이 많다. 20~30대 여성, 아이를 업고 나온 여성도 있다. 몇 해 전 신효순·심미선 양 사망 사건이나 노무현 대통령 탄핵 당시와 비교해봐도 집회에 참가한 여성의 비율은 기이할 정도로 높아 보인다.

돌이켜보면 한국 사회에서 광장은 늘 '남성의 공간'이었다. '건국 이후 가장 진보적인 세대'라 평가받던 '386세대'에게조차 그랬다. 전대협 의장은 늘 남학우가 차지했고, 여학우는 항상 리더가 아닌 서포터에 머물렀다. 아니면 가열찬 투쟁에 지친 남학우가 잠깐 쉬어가는 연애의 대상이거나. 그렇게 우리의 광장은 지난 수십 년 동안 가부장적 위계와 군사 용어로 얼룩져왔다.

남성의 권력 놀음에 출산 파업으로 항의

광장의 남성이 와자지껄 권력 놀음에 빠져 있을 때, 여성은 '소리 없는 파업'을 진행 중이었다. 지도부도 '선도투'도 없는 기묘한 총파업, 바로 '출산 파업'이다. 한국 여성이 이심전심으로 느끼는 미래에 대한 불안은 세계 최저 수준의 출산율로 적나라하게 표현됐다. 쪼잔하게 공장을 멈추는 정도가 아니었다. 한국 사회의 재생산 메커니즘을 아예 중단시키겠다는 무언의, 그러나 무시무시한 항의였다.

'건강'에 대한 여성의 염려는 남성의 상상을 훌쩍 뛰어넘는다. 경제학적으로도 유기농 제품에 대한 여성의 선호는 확연하다. 그런 여성에게 미국산 쇠고기 수입은 단순히 미래에 대한 불안 정도가 아니라 그야말로 공포다. '앞길이 구만리' 같은 10대 소녀에게는 더욱 절박한 생존의 문제였으리라. 그 소녀들이 광장에 나왔으니 우리가 할 일은 명확하다. 약은 약사에게, 진료는 의사에게, 그리고 광장은 소녀에게!

—『시사IN』 35호, 2008년 5월

'축제'와 '탈진'을 넘어

광우병 정국이 초반을 넘어서자 사람들이 국민 소송이란 걸 준비하는 모양이다. 과연 현명한 짓인지는 둘째치고 이건 그 자체로 흥미로운 사회문화적 현상이다. '거리의 정치'는 본래 법을 뛰어넘기 위한, 일종의 '목숨 건 도약'이다. 그런데 사람들은 지금껏 쌓아올린 바리케이드를 버리고 다시 법에 호소하고 있다. 집회 방식은 창조적이지만 사고방식은 구태의연하다.

부르주아지에게 '법'이 있고 프롤레타리아트에게 '단결'이 있다면, 중간계급에는 무엇이 있을까. 바로 '상식'이다. 이 불투명하기 짝이 없는 단어는 중간계급이 강력해질 수 있는 이유이면서 동시에 '아킬레우스의 발목'이기도 하다. 대체 상식이란 무엇인가. 최고로 지당하고 최고로 모순적인 것. 누구나 알고 있지만 누구도 모르는 것. 눈에는 보이지만 손에 틀어쥘 수 없는 안개 같은 것. 사회경제적 지위 변화에 가장 민감하기 때문에 가장 불안한 존재일 수밖에 없는 중간계급이, 자기 확신의 준거로서 '상식'에 집착하는 것은 거의 필연적이다.

상식은 법이라는 보편성을 전유한 부르주아지에게 대항하는 또 다른 보편성의 언어가 된다. 그리고 자신이 보편계급이라 주장하는 프롤레타리아트에게 대항하는 보편성의 언어가 되기도 한다. 보편성을 둘러싸고 세 개의 계급이 경합하고 있는 셈이다. 법이나 계급의 언어가 외관상 논리 체계의 형상을 갖추고 있는 반면, 상식의 언어는 논리 체계라기보다 감수성의 체계에 가깝다. 특정 국면에서 중간계급은 자신의 상식의 근거로 법을 내세우다가도 어느 순간부터는 법의 근거가 상식이어야 함을 역설한다.

중간계급의 감수성은 순간적으로 다른 편에 할당되었다가 또 어느 순간 그것을 취소한다. 이명박을 찍은 사람이 이명박 탄핵을 외치는 촛불집회는 상식을 전유한 중간계급의 싸움이 무엇인지 적나라하게 보여주고 있다. '법'에 의지해서 이명박을 공격하는 것에 아무런 거리낌을 느끼지 못하는 것, 비폭력이라는 자기 규율에 집착하는 것(실제로는 그렇지 못함에도) 또한 중간계급 특유의 행동 양식이다. 한국 현실정치의 스펙트럼에서 진보냐 보수냐의 구분은 여기에서 그리 쓸모가 없다. 다만 그 구분은 10년간의 양극화를 경험하며 끝없이 추락해온 중간계급이 왜 노무현 정부 때가 아니라 이명박 정부 시기에 봉기했는지를 설명하는 데는 도움을 줄 수 있을 것이다.

지난 5년간 한계에 몰릴 때까지 유지된 이들의 인내는 '건국 이후 가장 때리기 좋게 생긴 샌드백'이 때마침 등장하면서 싱겁게 마감됐다. 불과 100일 만에 '상식 대 몰상식'이라는, 중간계급의 아드레날린이 최대치를 찍는 구도가 완성되어버린 거다. 온라인상에서 이 구도를 주도하는 사람들 중 일부는 과거 참여정부의 열성적 지지 계층으로 보인다. 실제로 다음 아고라에서 엄청난 추천 수를 기록한 베스트 게시물 중 상당수가 '그분이 그립습니다' 류의 감성적 토로다. 물론 '그분'은 노무현이다. 참여정부 5년은 많은 전문가가 공히 지적하듯 기록적으로 양극화가 확대된 시기다. 자신이 급속히 몰락한 시기를 그리워하는 사람들의 기이한 행태는 '정치의식'이 계급적 이해관계를 압도한 정치적 스톡홀름 신드롬의 사례로서 연구해볼 만한 주제다.

계기야 어쨌든 프롤레타리아트와 중간계급이 연대할 수 있는 기회가 참으로 오랜만에, 그리고 극적으로 찾아온 것만은 분명하다. '좌파'들은 다소 당혹스럽긴 하겠지만, 스스로의 생존을 위해서라도 이 기회를 목숨 걸고 붙잡아야 한다. 이것이 중간계급이 주도하는 거리 정치라는 사실을 제외하고, 분명한 것은 아무것도 없다. 어떤 방식으로 마무리될지 섣불리 예측할 수도 없다. 이 문제를 국민투표에 부치자는 진보신당의 제안은 지금까지 현실정치 세력이 내놓은 대안 중 가장 상식적이지는 않지만 가장 탁월한 것으로 보인다. 적어도 소송으로 해결하자는 '아메리칸 스타일'보다는 훨씬 낫다. 광장에서 그렇게 민주주의를 요구했다면, 시민들 스스로 결정하는 것이 일관적이고 올바르다. 만약 그것이 실현된다면 한국의 민주주의는 비로소 한 단계 도약했다고 말할 수 있다.

지금 정권을 압박하는 데만 정신이 팔려서 더 중요한 것을 놓치고 있는 건 아닌지 돌아봐야 한다. 2000년대 이후 거의 모든 대규모 촛불집회는 '축제와 탈진의 반복'이었다. 자기 삶이 구체적으로 변하지 않는 축제, 그것은 냉소와 탈정치만 낳을 뿐이다. 이제 의미 있는 결실을 만들 때도 됐다. 중간계급이 상식의 굴레를 깨뜨린다면, 어제와는 전혀 다른 세계가 열리게 된다.

— 〈박권일 블로그 xenga.tistory.com〉, 2008년 6월

부자 정당과 보수 언론이 무상급식을 반대하는 까닭

정부와 극우 언론이 짐짓 "부유층 무상급식은 형평에 어긋난다. 예산 낭비다"라는 논리를 펴지만 무상급식이 첨예한 전선을 형성하는 이유는 따로 있다.

초등학교 때 거의 거식증에 가까울 정도로 밥을 안 먹던 시기가 있었다. 학교에 싸간 도시락은 손도 대지 않은 채 돌아오기 일쑤였다. 나는 점심시간 종이 울리자마자 총알처럼 튀어나가 놀기 바빴다. 그때 나랑 거의 동시에 뛰어나가던 친구가 있었다. 결막염 기가 있었는지 늘 노란 눈곱을 달고 다니던 녀석이었는데 노상 나처럼 점심을 걸렀다. 내가 가끔 도시락을 까먹을 때에도 그 친구는 먼저 밖으로 나가 놀곤 했는데, 당시에는 그걸 별로 이상하게 생각하지 않았다.

나는 집안 사정 때문에 도시락을 못 싸오는 친구가 있으리라는 걸 상상조차 해본 적이 없었다. 그런 일은 "밥도 못 먹고 학교 다녔다"라는 아버지의 옛날이야기 속에서나 존재하는 사건이었다. '88올림픽 유치에 성공한 자랑스런 대한민국'에서 그런 일은 벌어질 수도 없을 뿐 아니라 벌어져서도 안 되는 일이었다. 하지만 나중에 들은 이야기로는 그 친구는 할아버지와 단둘이 살고 있었고, 정말로 도시락을 싸올 형편이 못 되어서 늘 점심을 굶었다고 한다. 충격이었다. 일제강점기 때도 아니고 한국전쟁 때도 아닌데 가난해서 밥을 못 먹는 어린이가 있다니! 아마 그때 처음으로 나는, 우리나라가 막연히 생각하던 것만큼 조화롭고 아름다운 사회가 아닐지도 모른다는 불안감에 사로잡혔던 것 같다.

선거의 계절이 다가오면서 '무상급식'이 주요 의제로 떠올랐다. 2009년에는 경기도 의회에서 한나라당 소속 의원들 주도로 무상급식 예산이 전액 삭감된 사실이 밝혀져 사회의 공분을 불러일으키기도 했다. 이게 대체 무얼 의미하는가. 무려 20여 년이 지난 2010년에도 여전히 한국에는 점심을 굶는 아이가 적지 않다는 얘기다. "인민들 굶어 죽는데 무슨 사회주의냐"라며 남조선으로 넘어온 황장엽 씨가 한마디 할 법도 하다. "아이들 밥 굶는데 무슨 선진 일류 국가냐!"

무상급식은 진보 정당과 일부 시민단체의 외로운 노력을 통해 차츰 시민들의 공감을 얻어서, 지금은 시민 대다수가 무상급식에 찬성하며 한나라당 일부 국회의원조차 원칙적 찬성을 표시하고 있다. 김진표 교육부총리-유시민 보건복지부 장관 시절 '돈 없다'며 무상급식을 격하게 반대했던 참여정부와 당시 열린우리당은 야당이 된 지금 언제 그랬냐는 듯 전향적이다.

부유층 어린이도 예외여선 안 되는 게 핵심

물론 이명박 정부와 한나라당 주류, 극우 언론들은 여전히 무상급식 논의를 '사회주의' '포퓰리즘' 같은 단어를 동원해가며 공격하고 있다. 사뭇 합리적인 체하며 반대 논리로 내세우는 주장이 가관이다. "부유층 자녀들에게 무상급식하는 건 형평에 어긋나고 예산 낭비다"라는 것. 이것 참, 고양이가 쥐 생각해주는 것일까. '예산 낭비'라는 말이 가장 어울리는 곳은 바로 '희대의 삽질' 4대강 사업이 아닌가. 하지만 어찌 보면 이들의 어깃장은 매우 중대하고 민감한 지점을 건드리고 있다. 부유층 자녀도 예외여선 안 된다는 게 바로 무상급식의 핵심이기 때문이다.

　진보 정당 등이 디자인해 제시하는 무상급식 공약의 바탕이 되는 철학은 민주주의의 원리 그 자체다. 모든 시민에게 예외 없이 '1인 1표' 원리가 적용되듯, 기본권인 생존과 건강에 직결되는 학교 급식 역시 예외 없는 보편적 원리가 적용되어야 한다는 것이다.

 예산은 낭비되지 않을 것이며 형평에도 어긋나지 않을 것이다. 부유층에게서 그만큼 세금을 더 거두면 되니까. 그리고 바로 그것이 '부자 정당'과 극우 언론이 기를 쓰고 무상급식에 반대하는 이유며, 무상급식 논의가 생각보다 훨씬 첨예한 전선을 형성하는 이유다.

— 『시사IN』131호, 2010년 3월

'강남 좌파'가 아니라 '표준 시민'이다

한국 중간계급에게 '좌파' 같은 말을 붙이면 오해만 불러오기 쉽다. 강남 좌파라는 용어로는 새로운 정치 주체, 즉 '우리 자신'을 사유할 수 없다.

이쯤에서 이야기해야 할 것 같다. '강남 좌파'라는 매력적인 단어가 실제로는 한국 사회에 대해 거의 아무것도 말하지 못하는 공허한 개념이라는 걸 말이다. 2011년 7월 출간된 강준만의 『강남 좌파』를 읽고 나자 내 미심쩍음은 거의 확신이 되었다. 2006년에 강남 좌파를 처음 공론장으로 끌어냈다고 평가받는 강준만이었기에 출간 전 무척 기대가 컸다. 고백하자면 나는 스스로 '강준만 키드'라 칭할 만큼 그의 영향을 크게 받았고, 머리가 굵은 지금도 존경심만은 변함이 없다. 그러나 막상 뚜껑을 열자 강남 좌파론은 앙상한 실체를 드러냈다.

『강남 좌파』의 각 장은 문국현·조국·박근혜·손학규·유시민·문재인·오세훈 등 대선 주자를 분석하는, 전형적인 '강준만표 인물론'이었다. 이런 결과물이 나온 이유를 책의 부제가 간명하게 보여준다. '민주화 이후의 엘리트주의.' 강남 좌파론을 엘리트 담론으로만 이해하고 있으니 내용은 명망가에 대한 인물론이 될 수밖에 없다. 오히려 이 책 출간 이후 강남 좌파에 관한 토론이나 논쟁이 별반 나오지 않는 건 그래서가 아닐까. 강남 좌파 현상이 이렇게 크게 회자된 진짜 이유에 대해서 강준만은 모르거나 외면하고 있다. 사람들이 강남 좌파라는 말에 흥미를 느끼는 것은 엘리트의 위선에 대한 반발이나 정치 혐오 때문만은 아니다.

강남 좌파를 이야기하는 사람의 상당수가 그것을 타자의 문제가 아닌 자신과 관련된 문제로 인식하고 있기 때문이다. 강남 좌파라는 말에 대한 격렬한 반응은 그 자체로, 안정된 생활을 포기하기 싫지만 '수구 꼴통'은 되고 싶지 않은 양가적 자의식을 가진 사람이 그만큼 많다는 증거 아닐까. 강남 좌파 현상에서 정작 우리가 눈여겨보아야 할 것은 몇몇 정치 엘리트가 아니라 새로운 근대 시민의 탄생이다.

먹고사는 데 지장은 없지만 진보 성향을 가진 중간계급은 대다수의 선진 산업사회에 존재한다. 흥미로운 건 2002년부터 반복되어온 촛불시위에서처럼, 한국의 중간계급이 개별 엘리트로 출현하는 게 아니라 집단·직접 행동을 통해 광장의 시민으로, 일종의 우발적 전위 집단 contingent avant-garde group 으로 출현하고 있다는 점이다.

강남 좌파가 아니라 '표준 시민'의 등장을 들여다봐야

지난 10년의 큰 싸움은 대개 좌우파 이념이 아니라 상식 대 몰상식의 구도에 근거한 적대였다. 한국 중산층의 의식은 늘 민중주의에 가까웠다. 정확하게는 '민심은 천심'이라는 봉건적 마인드와 합리적 소비자라는 근대적 마인드의 결합이다. "사람 되긴 힘들어도 괴물은 되지 말자", "최소한 한나라당은 찍지 말자" 같은 말로 대변되는 진보에 대한 '최소주의적' 관점, 선수가 아닌 심판을 자임하며 광장에 뛰어드는 중립주의, 내가 착취당하는 현실을 피를 토하는 심정으로 고발하지만 내가 남을 착취하는 현실에서 눈을 돌리는 이중 잣대 같은 요소 또한 한국 중간계급의 특징이다. 저 도저한 몰계급성과 중립주의에 '좌파' '계급' 같은 용어를 붙이면 오해만 불러오기 쉽다. 강남 좌파라는 용어로는 새로운 정치 주체, 다시 말해 바로 '우리 자신'을 전혀 사유할 수 없다.

그래서 내가 제안하는 이름은 '표준 시민'이다. 이 표준 시민은 미디어 리터러시 media literacy, 온·오프라인 매체 활용 능력 와 심화된 '수도권 중심주의'라는 측면에서 1987년 6월의 '넥타이 부대'

와도 다르다. 표준 시민의 '표준'은 표준어 규정에서 가져온 것이다. "교양 있는 사람들이 두루 쓰는 현대 서울말"이라는 정의가 묘하게도 오늘날 한국 중간계급의 특성을 그대로 보여 준다. 아주 거칠게 말하자면, 지금 남한에서 가장 강력한 정치 주체는 "인터넷을 자유자재로 활용하고 수도권에 사는 교양 있는 중산층"이다. 우리는 강남 좌파가 아니라 바로 이들, 표준 시민의 탄생을 해명해야 한다.

―『시사IN』 207호, 2011년 9월

노무현의 한미 FTA는 달랐다고?

이명박과 노무현의 FTA가 다르다는 건 어처구니없다. '가카'도 한때 샐러리맨의 희망이었다. 제2의 이명박을 막을 수 있는 건 축제가 아니라 기억과 성찰이다.

이 글을 쓰는 지금 나는 트위터에서 신나게 '까이고' 있다. 대부분 인신공격과 욕설이다. 한글로 만들 수 있는 온갖 창조적인 욕들을 풍부하게 섭취하는 중이다. 며칠 전부터 〈나는 꼼수다〉('나꼼수')를 비판하는 멘션을 줄줄이 날렸기 때문이다. 특별히 '나꼼수'에 개인적 유감이 있거나 유별난 관심을 갖고 있지는 않았다. 그런데 언급하지 않을 재간이 없었다. 그들이 현재 가장 뜨거운 이슈들을 가장 자극적인 방식으로 다루고 있어서다. 미리 밝혀두지만 이 글은 '나꼼수'에 관한 칼럼이 아니다. 그저 한 장의 질의서다. '나꼼수'로 상징되는 지금의 열광적 분위기가 대체 무엇인지 당신에게, 아니 우리 자신에게 질문을 던지고 싶은 것이다.

한미 FTA, 핵심 문제는 참여정부 시절부터 있던 독소 조항

한미 FTA 비준이 임박해오면서 기묘한 논리들이 사실인 양 유포되기 시작했다. 표면적으로는 '망국 협상 한미 FTA 반대'였다. 그런데 그 반대한다는 내용이 어처구니없는 것이었다. 이런 식이다. "참여정부 시절 추진됐던 한미 FTA는 이익 균형을 맞춘 FTA였지만, 이명박의 한미 FTA는 미국에 나라를 팔아넘기는 짓이다." "미국 의회의 반응을 보라. 노무현의 FTA에는 미적지근했지만 이명박의 FTA에는 환호한다. 이명박의 FTA가 미국에 훨씬 유리하다는 결정적 증거다……."

한미 FTA의 핵심적 문제는 참여정부 시절부터 지금까지 변하지 않았다. 바로 독소 조항이다. 이익 균형이라는 개념은 기본적으로 FTA 추진 세력(통상관료)의 프레임을 답습한 논리다. 이명박 정부가 재협상을 통해 자동차와 쇠고기 부문 등에서 대폭 양보한 것은 사실이다. 그러나 투자자-국가소송제와 같은 독소 조항이야말로 한미 FTA의 본질적 문제이고, 그 점에서 노무현의 FTA와 이명박의 FTA는 동일하다. 내가 이런 말을 하자마자 반박과 욕설이 날아든다. "노무현은 나라 팔아먹지 않을 거란 믿음이 있었지만 이명박은 그러고도 남는다."

"당장 이명박 FTA를 막는 게 급하지 노무현과 같은지가 무슨 대수냐."

평생 투표에는 관심도 없던 이가 '나꼼수'를 듣고 투표장에 갔다는 이야기를 들었다. 그것만으로 이 방송의 존재 이유는 충분하다고 생각한다. 하지만 잠정적으로 내가 내린 결론은 이것이다. 지금의 이 고양된 분위기는 정치적 각성이 아니다. 한바탕 질펀한 축제다. 축제 중에서도 힘 빠진 짐승을 칼질하는 쾌락을 제공하는 사육제다.

그러지 않고서는 어떻게 "눈 찢어진 아이 (……), 유전자 감식이 필요 없다"(김용민) 따위 발언이 공공연히 튀어나올 수 있었겠는가. 어떻게 "이명박의 FTA는 노무현이 추진한 FTA와 다르다"(김어준)라고 태연히 말할 수 있었겠는가. 어떻게 "이명박의 FTA는 노무현의 FTA의 '짝퉁'일 뿐"(노무현재단)이라고 당당히 말할 수 있겠는가. 어떻게 "노무현의 FTA에는 불만이 있었지만 이명박의 FTA에는 분노가 인다"(조국)라고 말할 수 있겠는가. 이 와중에 2005년과 2006년 '노무현의 FTA'에 반대하며 자신의 몸을 불사른 허세욱 열사의 자리는 어디에 있는가.

많은 사람이 카리스마적 영웅의 시대는 가고 이제 '멘토의 시대'가 왔다고 말한다. 그러면서 안철수·박경철·김어준 등을 찬양한다. 나 역시 토 달 생각은 없다. 서거한 노무현 전 대통령은 소탈했지만 멘토형이라기보다 영웅형이었다. 그렇다면 '가카'는? 지금 와서는 설치목에 속한 어떤 생물에 비유되기도 하지만 사실 훨씬 오랫동안 그의 별명은 따로 있었다. 바로 '샐러리맨의 희망'이다. '가카'야말로 우리 시대의 '멘토 1호'였다. 축제에는 가슴 떨리는 감동과 흥분이 있다. 그러나 '제2의 이명박'을 막을 수 있는 것은 축제도 '나꼼수'도 아닌, 기억과 성찰이다.

—『시사IN』 217호, 2011년 11월

불행을 겨루는 사회

사람으로 하여금 자기의 비참함을 자발적으로 전시하고 경쟁하게 만드는 체제란 얼마나 혐오스러운가. 불행을 경쟁하고 시혜를 구걸하게 만드는 체제는 존속할 가치가 없다.

역시 대세는 서바이벌 오디션일까? 통합진보당의 청년 비례대표 선출 방식의 명칭은 '위대한 진출'이다. MBC의 서바이벌 오디션 프로그램 〈위대한 탄생〉을 가져다 쓴 것이다. 기자회견장에 들고 나온 피켓에 그려진 로고까지 〈위대한 탄생〉과 거의 똑같다. 통합진보당은 "'위대한 진출'은 〈위대한 탄생〉의 멘토단과 〈나는 가수다〉의 평가단을 결합한 후보 경연 선출 방식이다"라고 밝혔다. 다른 정당들도 앞다퉈 서바이벌 방식을 채택했거나 계획 중이라고 한다. 정당만 이런 방식을 채택한 것은 아니다. 최근 안철수재단은 등록금이 필요한 사람은 재단 홈페이지에 사연을 올리라고 공지했다. 그 사연을 읽고 기부를 원하는 개인들이 기부해줄 만하다고 판단하면 지원하는 시스템이다.

당연히 사연이 감동적일수록, 그리고 비극적일수록 지원받을 확률은 올라갈 것이다. 형태는 제각각이지만 이른바 서바이벌 방식으로 지원 대상을 선별하는 곳은 엄청나게 많아졌고 앞으로도 많아질 것이다. 예전에 텔레비전에서 방영됐던 〈러브하우스〉나 비교적 최근의 〈집드림〉 따위 예능 프로그램은 노래 경연을 하는 서바이벌 오디션은 아니지만 사실 전형적인 서바이벌 방식이라고 할 수 있다. 서바이벌 오디션이 '재능'과 '끼'를 겨룬다면 〈러브하우스〉 부류는 '불행'을 경쟁한다. 내 처지가 얼마나 열악하고 비극적인지 설득해야 비로소 시혜를 받을 수 있는 자격이 생긴다. '노래 경연'과 '불행의 경연'에는 공통의 필수 요소가 있다. 바로 스토리다. 불우한 가정사, 안타까운 사고, 선천적 장애, 극도의 빈곤, 하다못해 성격적 '결함'에 이르기까지 개인의 사생활이 불특정 다수에게 낱낱이 전시된다. 물론 어디까지나 자발적으로.

'엄친딸(엄마 친구 딸)'과 '엄친아(엄마 친구 아들)'는 자신의 출중한 '스펙'을 슬쩍 드러내는 것만으로 사람들의 경탄과 부러움을 산다. 그러나 가진 게 쥐뿔도 없는 이들은 그에 상응하는 걸 제물로 바쳐야 한다. 특정 분야의 재능을 경쟁하는 경우라면 그나마 좀 낫다. 이런 재능조차 없다면 남는 건 '누가 더 비참한가'이다. 시쳇말로 쥐뿔도 없는 이들끼리 경쟁하다보니 어중간한 사연으로는 곤란하다. 그야말로 완전히 발가벗어야 한다. 대중은 눈물·콧물을 짜가며 개개인의 비극에 몰입하지만, 그 와중에도 내면의 계산기를 두들기며 각자가 짊어진 불행의 크기와 무게를 냉철히 평가한다.

복지는 '기브 앤드 테이크' 문제가 아니다

인간으로 하여금 자신의 비참함을 자발적으로 전시하고 경쟁하게 만드는 체제란 얼마나 혐오스러운가. '선별하는 복지'를 절대시하고 기부 문화를 덮어놓고 찬양하는 사회일수록 가진 것 없는 사람들이 불행을 경쟁하고 시혜를 구걸하는 상황을 자연스럽게 여기기 쉽다. 그것이 오늘의 이른바 '1% 대 99%'의 사회를 만들었다 해도 과언이 아니다. 복지를 기브 앤드 테이크의 문제 혹은 복지 받을 '자격'의 문제로 사고하는 한, 우리는 이 개미지옥에서 결코 탈출할 수 없다. 그럼 어떻게 해야 할까. 한국의 진보 진영에서 활발히 논의되어온 기본소득제, 월스트리트를 점령한 활동가들이 주장하는 최고소득 상한제 Maximum Wage 같은 제도적 장치만으로도 우리가 서로 불행을 경쟁해야 하는 상황을 피할 수 있다. 최고소득 상한제는 다소 생소할 수 있는데, 쉽게 말해 '최저임금의 몇 배 이상은 100%

과세'하는 형태로 부유층의 이익을 빈곤층의 이익과 연동시키는 제도다.

어느 노래처럼 당신이 "사랑받기 위해 태어"났는지는 잘 모르겠다. 그러나 한 가지는 확실하다. 이 세계에 태어난 우리 모두는 품위 있게 생존할 권리가 있다. 지금 그렇지 않다면 그렇게 만들어야 한다. 불행을 경쟁하게 만드는 체제는 존속할 가치가 없다.

— 『시사IN』 233호, 2012년 3월

통합정치의 민낯

후보 단일화 과정에서 보여준 민주통합당과 통합진보당의 모습은 처참하다. 더디 가더라도 반칙 없이 가는 것이 중요하다. 뼈아픈 반성을 해야 한다.

비례대표 당선권 순번은 정당 투표 결과에 따라 실제 의석으로 직결되므로 정당의 '욕망'이 그대로 드러날 수밖에 없다. 이 '욕망'은 크게 두 가지로 나뉜다. '외부를 향한 인정 투쟁'과 '내부를 향한 권력 투쟁'이다. 전자는 한마디로 '보여주고 싶은 모습'이다. '이렇게 훌륭한 인물을 내세웠소'라는 자랑이다. 반면 후자를 한마디로 표현하자면 '노획물'이다. 당내 계파끼리 이전투구 끝에 받아든 지분이라는 뜻에서다.

민주통합당 비례대표 순번부터 보면 김기식 씨, 최민희 씨 등 시민운동 명망가들이 눈에 띈다. 유종일 씨 탈락을 두고 "재벌 개혁 의지가 없다"는 비난이 나왔지만, 그 이상으로 재벌 개혁을 부르짖어온 홍종학 씨가 4번이므로 이 논리는 별로 설득력이 없다. 정말로 민주통합당이 재벌 개혁 의지가 있었다면 아예 김진표 씨 등부터 쇄신하고 재창당에 임했을 것이다. 홍종학 씨의 존재를 '알리바이'로 볼 수밖에 없는 이유다.

통합진보당은 아수라장이다. 비례대표 1번, 2번, 3번, 4번을 사실상 하나의 정파가 독식했고, 이른바 '참여당계'는 8번에 이르러서야 등장한다. 인터넷으로 진행된 청년 비례대표 선거에서는 컴퓨터 서버의 로그파일과 소스코드가 일부 변경돼 조작 의혹이 불거졌다. 전교조 위원장 당시 조직 내 2차 성폭력 가해자에 대한 징계 수위를 낮췄다는 논란이 이는 정진후 씨가 비례대표 4번으로 확정된 데 이어, 이정희 대표 측이 여론조사에 조직적으로 개입해 조작을 시도한 증거가 폭로되면서 통합진보당은 '최대 위기'를 맞게 됐다. 이정희 측과 맞붙은 김희철 후보 측의 여론 조작 시도 정황도 나오면서, 야권연대에 대한 근본적 회의감이 확산됐다.

선관위 디도스 테러 사건을 두고 입에 거품 물며 새누리당을 규탄했던 이들이었기에 혐오감은 한층 더하다. 이 와중에 '내가 하면 로맨스요 남이 하면 불륜' 식의 이중 잣대와 '남들도 반칙하니 나도 한다' 식의 피장파장 논리가 판을 쳤다. '가카 빅엿' 사건으로 인기를 얻은 서기호 전 판사(통합진보당 비례대표 후보 14번)가 대표적인데, 그는 트위터에서 "문자 메시지 사건이 경선 결과를 뒤집을 정도인가?" "야권연대의 대의를 근본적으로 깬 것은 어느 쪽?"이라는 글을 올려 많은 이의 눈을 의심케 했다. 현재로서는 사태가 어떻게 마무리될지 알 수 없다. 한 가지 확실한 건 두 정당이 비례대표 후보를 선출하고 후보 단일화를 하는 과정에서 보여준 '통합정치의 민낯'이 예상보다 훨씬 처참한 수준이었다는 점이다. 여기에는 '반진보'라는 수사조차 사치스럽다. 그저 '몰상식'과 '구태 정치'일 뿐이다.

괴물과 싸우며 괴물이 되지 말아야

진보 세력의 자존감을 겨우 지탱하는 건 녹색당과 진보신당의 존재다. 녹색당은 후쿠시마·고리 원전 사고를 전환점 삼아 '탈핵'을 정치 의제로 만들기 위해 노력 중이다. 반핵·탈핵 후보(환경운동가 이유진 씨)를 비례대표 1번으로 내세운 건 녹색당이 유일하다. 결과적으로 초등학생에게 '찬핵' 강연하러 다니던 핵과학자 민병주 후보를 비례대표 1번으로 내세워 '찬핵' 기치를 높이 든 새누리당에 정면으로 맞서는 모양새가 됐다. 진보신당의 비례대표 1번은 울산과학대 청소용역 비정규 노동자인 김순자 씨다. '노동자 출신 정치인'이 아니라 현직 청소 노동자다. '노동자의 대리인'이 아닌 '비정규 노동의 당사자'를 비례후보 1번에 놓은 진보신당의 파격적 결정에 많은 사람이 놀라워하고 지지를 표했다.

이른바 야권연대의 위기를 계기로 녹색당과 진보신당이 '반짝' 반사이익을 얻을 수야 있겠지만, 그런 미미한 역학보다 중요한 게 있다. 괴물과 싸우며 괴물이 되지 않는 것, 더디 가더라도 반칙 없이 나아가는 것이다. 개혁 세력이든 진보 세력이든 이제 '생존'을 위해서라도 뼈아픈 반성을 미룰 수 없는 상황이다. 바람이 심상치 않다.

— 『시사IN』 237호, 2012년 4월

통진당 사태, 이럴 줄 정말 몰랐나

통합진보당 사태는 분명 반민주주의 세력이 벌인 폭거다. 또한 진보 정치의 원칙, 노동 중심성에 대한 확신, 연대 세력에 대한 검증 없는 '닥치고 통합'이 다다른 필연적 귀결이다.

'용팔이 사건'에 필적하는 정당 폭력 사태라고들 말한다. 가해자가 깡패가 아니라 '진보 정당'의 당원들이라는 사실, 그리고 이 폭력 사태의 원인에 부정선거가 있었다는 사실까지 고려하면, 사태의 심각성은 용팔이 사건을 넘어선다. 언론은 '통합진보당'이라는 이름 대신 굳이 '진보당'이라는 이름을 활자로 박아 사뭇 비장한 어조로, 혹은 터지는 웃음을 짐짓 참으며 '진보의 죽음'을 다투어 알렸다.

사정을 잘 모르는 시민들은 경악하며 묻는다. 절차적 민주주의조차 아무렇지 않게 팽개치는 집단이 어떻게 오랫동안 진보 세력으로 행세하며 성장할 수 있었을까? 수많은 이유와 배경을 댈 수 있지만 직접적인 이유를 꼽자면 세 가지다. 첫째, 이기기 위해 수단과 방법을 가리지 않는 패권주의적 조직 문화. 둘째, 품성과 인간적 유대를 강조하는 조직 사업 풍토. 셋째, 충성도 높은 조직원을 적극 활용해 운동권 내 다수파의 지위를 한 번도 놓치지 않았다는 점. 저 정도면 운동권 또는 소형 정당 내에서 강자가 되기에는 충분했다.

이들은 자신이 결코 양보할 수 없는 정치적 쟁점에 대한 논쟁은 국가보안법을 이유로 차단하면서도, 정치공학적 연대나 통합 제안에는 유연하게 대응하는 이중 전략을 써왔다. 시민의 여론보다 조직의 안위를 최우선으로 삼는다는 점에서 저들은 '정치의 논리'가 아닌 '생존의 논리'에 따라 움직이는 조직이다. 비유하자면 밀교 공동체적 모델이다. 이 모델을 원활히 굴러가게 하는 최고의 물적 기반이 바로 국회 의석이라는 사실을, 그 안온하고 달큰한 맛을, 이들은 이미 경험했다. 국민적 지탄을 받으면서도 저들이 의원 배지를 결코 놓지 않으려는 이유다.

신문 정치면을 열심히 읽어온 사람이라면 통진당 사태를 일으킨 자들이 누구인지 모를 수 없다. 이들의 패악, 몰상식, 민주주의 파괴 행위는 이번에 처음 나타난 돌발 변수가 아니다. 수년에 걸쳐 반복되어온, 진보·개혁 진영의 '디폴트값' 내지

'상수'다. 대리투표, 위장 전입, 당비 대납, 회계 부정, 당원 개인정보 북한 유출……. 하나하나의 사건이 상식을 아득히 뛰어넘는 참담한 중대 사안이었다. 지금처럼 국민적 관심사가 되지 않았을 뿐, 알 만한 사람들은 다 아는 얘기다.

누가 '위험한 짐승'에게 먹이를 주었나

여기서 의문이 생긴다. 저 '위험한 짐승'에게 먹이를 주고, '꽃단장'을 해주고, 울타리를 치워준 사람들에겐 책임이 없는가? 저들의 반민주·패권적 행태가 일종의 '상수'라면, 그리고 그 사실을 모를 리 없는 통합진보당의 지도자들과 명망가들이라면 애초에 통합을 하지 말거나 아니면 통합 이후 저들을 제어할 복안을 마련했어야 한다. 아니면 적어도 당원과 지지 시민에게 위험을 경고했어야 했다. 물론 그러지 않았다. "이정희는 진보 정당 역사상 가장 유연한 당 대표"(김어준, 『닥치고 정치』) 따위의 낯 뜨거운 '호객 행위'만 판을 쳤다.

명망가들은 심지어 경선 과정에서 이정희 전 대표의 명백한 선거 부정이 드러났을 때조차 사태를 덮고 축소하기 바빴다. "문자 메시지 사건이 경선 결과를 뒤집을 정도인가?"(서기호 트위터), "이정희-김희철, 재경선으로 해결해야 합니다. 판 깨지 않기를 바랍니다."(진중권 트위터)

명확히 해두자. 통진당 사태는 분명 '당권파'라 불리는 반민주주의 세력이 벌인 폭거다. 하지만 이런 일이 벌어질 줄 꿈에도 몰랐다는 듯 의뭉을 떨며 "당권파를 축출해야 한다"라고 핏대를 세우고 "이참에 진보신당이나 녹색당 세력도 대거 통합진보당에 입당해 수구적 진보파를 바로잡아야 한다"라는 기막힌 소리나 내뱉는 지식인들의 모습을 통해서 뿌옇던 배경 화면이 적나라하게 모습을 드러낸다. 이 사태가 진보 정치의 원칙도, 노동 중심성에 대한 확신도, 연대 세력에 대한 검증도 없는 '닥치고 통합'이 다다른 필연적 귀결이라는 불편한 진실이.

—『시사IN』 245호, 2012년 5월

잡감 둘

온라인 브리콜라주

동물원 혹은 반상회

트위터는 온갖 군상이 구경꾼들을 앞에 두고 자기 전시를 벌이는 '동물원'이자 누구나 원하는 걸 떠들어대면서도 합리적 토론이 불가능한 '반상회'다.

"야, 너 그거 안 꺼?" 애인이 불같이 화를 냈다. 지하철에서, 카페에서, 식당에서 틈만 나면 스마트폰을 꺼내 트윗하는 걸 예전부터 못마땅하게 여겨왔던 터다. 그날도 카페에서 커피 나오기를 기다리며 말 한마디 걸지 않은 채 터치스크린을 툭툭 눌러대는 나를 보고 드디어 그녀가 폭발한 것이다. 손이 발이 되도록 빌어 그날의 위기는 겨우 넘겼지만, 내가 생각해도 요즘 나의 트위터 중독은 좀 심각하다. 그러나 재미있기 때문에 끊을 수가 없다. 그 재미는 트위터의 두 가지 성격 때문이다. 하나는 동물원, 다른 하나는 반상회다.

트위터가 동물원이라는 건 무슨 말일까. 온갖 군상이 이곳에서 구경꾼들을 앞에 두고 '자기 전시self-display'를 벌인다는 의미다. 프랑스 철학자 올리비에 라자크는 동물원을 "전시와 길들이기의 총칭적 형태"라고 했다. 자기 전시가 가능하려면 우선 트위터라는 시스템에 '길들여져야' 한다. 140자 이내로 하고 싶은 얘기를 압축하는 데 익숙해지는 것도 '길들이기'에 포함된다. 언론은 트위터가 마치 완전히 새로운 인터넷 서비스인 것처럼 호들갑을 떨지만, 기본적으로는 동물원과 동일한 형식(전시와 길들이기)이며 이것은 미니홈피나 블로그도 마찬가지다. 인간들이 동물원을 만들고 그 속에 스스로 들어가서 구경의 대상이 되고 또 역할을 바꿔 자신이 다른 인간의 구경꾼이 되는 역동적 과정은, 그 자체로 스펙터클할 뿐 아니라 다양한 서사를 생산해내는 매트릭스가 된다. 트위터를 들여다보면 사회적으로 존경받는 유명 인사가 평소에 얼마나 멍청한 소리를 하고 다니는지 낱낱이 알 수 있다. 나는 몇몇 '악명 높은' 유명 트위터러를 팔로우follow, 어떤 사용자의 글을 구독하기하는데, 이것은 그들의 견해에 동의하거나 좋아해서가 결코 아니다. 하루 종일 얼마나 황당한 얘기들—대부분 어처구니없는 자기과시와 자랑이다—을 늘어놓는지 '구경'하기 위해서다.

트위터는 반상회이기도 하다. 반상회의 가장 큰 특징은 누구나 자신이 원하는 걸 떠들어대면서도 합리적 토론이 불가능하다는 점이다. 트위터에서 논쟁이나 토론은 불가능하다. 비평도 불가능하다.

 트위터는 텍스트를 분석할 시간 자체를 허용하지 않는 매체다. 우리는 어떤 사안에 대해 그야말로 즉각 반응해야 한다. 돌아다니는 소문이 사실인지 아닌지 확인하기 이전에, 이미 판결은 내려진다. 중요한 것은 분석의 정당성이 아니라 수사의 적절성이다. 이런 측면이 트위터를 위험하게 만드는 요소다. 트위터를 하면서 자신도 모르게 세계를 오인하게 되는 것이다. 트위터에서 보이는 현실은 기실 자기 자신이 편집한 현실이다.

한국 언론의 열광과 관심은 오버…… 그냥 즐기자

입맛에 맞는 사람들을 팔로우하고 팔로우한 사람들의 이야기만을 들여다보는데도 사람들은 마치 그것이 세계 자체인 것처럼, 또는 세계의 축소판인 것처럼 착각하기 쉽다. 그러나 반상회에 나오지 못한 사람들의 처지와 견해가 엄연히 실재하듯이, 자신이 팔로우하지 않는 수많은 사람의 견해 또한 실재한다. 내가 팔로우하는 사람들의 이야기가 아무리 나의 정치적 견해와 미학적 취향에 부합하더라도, 그것이 곧 대중의 판단인 것은 아니다. 요컨대 트위터는 내가 세계를 좀 더 정확히 바라볼 수 있게 하는 '존재의 안경'이 될 수 없다. 기껏해야 '세계의 파편'일 따름이다.

  트위터에 관한 한국 언론의 열광과 관심은 대부분 지나치게 과장됐다. "트위터가 세상을 바꾼다"는 말처럼 우스꽝스러운 말이 또 있을까? 트위터 정도가 바꿀 수 있는 세상이란, 얼마나 허약한가. 소셜 네트워크 서비스^{SNS}가 이렇게 유행하는 것은 정작 소셜 네트워크가 잘 작동하지 않고 있다는 결정적 증거 아닌가. 그냥 재미있게 즐기자. 오버하지 말고.

—『시사IN』152호, 2010년 8월

온라인 정의구현사제단

한국 사회는 정의의 내용보다 정의를 주장할 '자격'이 더 중요한 사회고, 누리꾼만큼 이해관계로부터 '순결한' 존재도 드물다.

처음에는 저러다 말겠지 했다. 연예인들의 신상 정보를 뒤지며 광활한 인터넷을 흘러다니는 사람들은 더 이상 뉴스조차 되지 못할 정도로 많기 때문이다. 하지만 인기 힙합 그룹 에픽하이의 리더 타블로(이선웅)의 학력 위조 가능성을 제기하는 사람들의 수는 날이 갈수록 엄청난 속도로 불어났다. '타진요(타블로에게 진실을 요구합니다)' 인터넷 카페 회원은 모두 동조자는 아니더라도 이미 18만 명을 넘었다. '타블로 사태'를 둘러싼 갑론을박으로 대다수 온라인 게시판이 벌집을 쑤신 듯 소란스러워졌다. 급기야 공영방송이 직접 미국 스탠퍼드 대학에 날아가서 타블로의 학력을 '확인'하는 지경에까지 이르렀다.

　방송사의 확인 취재 결과와 스탠퍼드 대학 관계자의 증언, 타진요 측 주장의 논리적 허술함 등을 고려해볼 때, 이들 주장이 대부분 잘못된 것이거나 과장일 가능성이 매우 높다. 한편 방송국의 확인 취재 이후 다음 아고라에서는 타진요의 처벌을 요구하는 청원자 수가 급격히 늘어났고, 타진요를 주도한 멤버의 개인 정보를 폭로하는 이른바 '신상털기(인터넷에 특정인의 사적인 정보를 폭로하는 적대행위)'가 본격화했다. 타진요가 타블로의 신상을 털었듯, 타진요도 다른 누리꾼에 의해 신상을 털리게 된 것이다.

한국 사회에서 대체, 정의란 무엇인가

자연인 타블로에 대한 인간적 연민이나 학력 논란의 진위와 별개로, 이번 사태는 그 자체로 분석이 필요한 하나의 사회현상이다. 여러 측면에서 조망이 가능하겠지만, 내가 생각하기에 타블로 사태에서 핵심은 이 진위 논란이 누구에게도 이익―그것이 금전이든 명예든―을 가져다주지 못한다는 점이다. 바로 이 점이 타진요의 의혹 제기를 '사심 없이 순수한 것'으로 보이게 만들었고, 그토록 많은 이가 의혹에 동조하게 된 것이다. 쉽게 말해서 '돈 안 되는 일에 저 정도로 열심인 사람이니까 뭔가 있다'고 생각하는 것이다.

굉장히 비이성적인 사고방식이지만 사실 대다수의 사람이 이런 사고방식에 익숙하다. 이를테면 어떤 정치인은 일반적인 지지층의 확산이나 결집으로 설명할 수 없는 일종의 종교적 열광 혹은 팬덤 현상을 불러일으키는데, 대부분 어떤 식으로든 자신의 이익을 내던지는 일종의 '정치적 희생 제의'를 치르고 순수성을 인정받게 된다.

사태가 이 지경까지 오게 된 배경에는 학벌주의, 그 집요한 전 국민의 콤플렉스가 뙤리를 틀고 있다. 하지만 타블로 사태를 다른 유사해 보이는 사례들과 구별하는 변별점은 학벌주의가 아니라 '정의justice'에 대한 관념이다. 타블로에게 의혹을 제기한 사람들의 발언을 보면 하나같이 자신이 정당한 질문을 던지고 있다고, 거짓말을 일삼는 연예인에 맞서 양심적인 한 명의 시민으로서 양보할 수 없는 사회정의를 수호하는 중이라 믿는 것처럼 보인다.

실제로 그럴 것이다. 한국 사회는 정의의 내용보다 정의를 주장할 '자격'이 더 중요한 사회이고, 이른바 누리꾼만큼 이해관계로부터 '순결한' 존재도 드물다. 그것이 바로 저 '온라인 정의구현사제단'을 탄생시킨 심리적 토대다. 이들은 한마디로 '중세적 신념과 근대 시민의 행동력을 갖춘 존재'다. 그리고 이 온라인 정의구현사제단의 오류가 드러날 경우 또 다른 사제단이 '정의'의 이름으로 신상을 털며 단죄한다.

신상털기의 연쇄가 언제 끝날지는 아무도 모른다. 그러나 타블로 사태를 취재한 방송사처럼 '온라인이 문제'라는 식으로 말하는 건 핵심을 비껴난 나태한 진단이다. 온라인과 누리꾼은 오프라인 사회의 정의 관념이 끝없이 호출하는 형식일 뿐이지 문제의 원인이 아니기 때문이다. 그렇다. 이건 그냥 대한민국의 문제다.

—『시사IN』161호, 2010년 10월

히스테리아 파라노이아

'자기 전시 욕망'과 '음모론'은 느슨한 네트워크가 무한히 확장되는 소셜 네트워크 시대에 잘 조응하는 애티튜드다. 누구도 여기서 자유로울 수 없다.

"악플보다 나쁜 게 무플"이라는 우스개가 있다. 관심 못 받는 것보다 차라리 욕을 먹는 게 낫다는 건데, 사회적 평판에 대한 이런 시선은 기독교적 심판의 3단계로 도식화해볼 수도 있다. 선플 천국, 악플 연옥 그리고 무플 지옥. 이런 태도, 곧 '애티튜드^{attitude}'가 일반화된 것은 그리 오래되지 않았다. 애티튜드라는 말을 패션 잡지들이 독점하다시피 쓰고 있어서 굉장히 꺼려지기는 하지만 어쩔 수 없다. 그렇다. 이것은 어떤 거창한 이념이나 시대정신이라기보다 애티튜드라 표현해야 적절하다.

개인이 받는 스트레스를 고려해본다면 사실 엄청난 비난을

당하는 것보다 조용히 잊힌 채 살아가는 게 훨씬 낫다. 그럼에도 오늘날 사람들은—유명인뿐 아니라 평범한 사람들까지—그야말로 열광적으로 타인의 관심을 갈망하는 것처럼 보인다. 후기 자본주의의 도래, 매스미디어와 인터넷의 발달은 무관심을 제일 나쁜 것, 가장 끔찍한 지옥으로 만들었다.

실제로 트위터·페이스북 같은 SNS 서비스를 들여다보면, 거의 연극성 인격 장애처럼 보이는 사람을 수도 없이 발견할 수 있다. 보기 딱할 정도의 앙상한 허세로 자신을 치장하거나, 누가 봐도 거짓말일 게 뻔한 자기 인생 이야기를 늘어놓는다. 사소한 에피소드에 지나치게 기뻐하며 축하해달라고 한다거나, 아니면 세상이 끝나기라도 한 것처럼 우울한 포즈를 취하기도 한다. 하지 않아도 될 개인적인 경험담을 추억이랍시고 발설했다가 '비호감'으로 찍히는 경우도 있다. 인터넷에 공개하는 이상, 그들의 모든 발화는 이미 철저히 타자의 시선을 의식한 것이다. 그럼에도 그들은 일기장에 적기조차 민망한 내밀한 고백을 스스럼없이 팔로워들에게 보여준다.

나는 이것을 자기 전시 욕망 desire for self display이라 부르고 싶다. 인정 욕구는 정체성 또는 내면의 가치 평가와 밀접한 연관이 있는 반면, 자기 전시 욕망은 그야말로 자신을 보여주고 대상화시키는 것에 집중된다. 요컨대 자기 자신에 대한 일종의 물신화 fetishism요, 자기 소외다. 이것은 타자의 시선으로 자신을 바라보는 게 아니다. 스스로 '타자의 시선이라 상상한' 어떤 시선으로 자신을 바라보는 것이고, 그렇기 때문에 타자의 실제 반응을 객관화시키기도 어렵다.

자기 전시 욕망은 히스테리, 음모론은 편집증

우리 시대 또 하나의 애티튜드는 '음모론'이다. 자기 전시 욕망이 히스테리^{hysteria}적이라면, 음모론은 편집증^{paranoia}이다. 한마디로 '체계적인 망상'이다. 음모론은 어떤 사회적 현상이 벌어졌을 때 선과 악, 혹은 강자와 약자의 이분법적 구도를 전제한 뒤, 극도로 단순한 논리로 사태를 명쾌하게 해명해주기 때문에 전염성과 중독성이 매우 강하다.

인터넷의 발달은 음모론의 창궐에 도움을 준 것처럼 보인다. 이를테면 내 판타지와 네 판타지의 상동성을 지나치게 쉽게 확인할 수 있게 된 거다. "어라? 나만 그런 줄 알았는데 너도 그런 생각을? 찌찌뽕!" 그리하여 판타지는 검증을 생략한 채 보편성을 획득한다. 그 보편성의 근거는 리트윗(트위터)과 '좋아요(페이스북)' 같은 지표들이다. '아무개닷컴' 같은 유명인 안티사이트를 만든다거나, 비난받을 짓을 했다는 이유로 일반인의 신상을 터는 식의 '만인의 만인에 대한 조리돌림' 역시 음모론적 애티튜드에 속하는 행동들이다.

자기 전시와 음모론은 느슨한 네트워크가 무한히 확장되는 소셜 네트워크 시대에 무척 잘 조응하는 애티튜드다. 이런 태도를 싫어하고 거부할 수는 있다. 하지만 누구도 여기서 자유로울 수는 없다. 신사·숙녀 여러분, '히스테리아·파라노이아'의 세계에 오신 걸 환영합니다!

—『시사IN』 195호, 2011년 6월

냉소적 주체는 어떻게 눈먼 정의가 되었나
타블로 사태와 악플러의 사회심리학

> 문제는 사회적 물의를 일으키는 개별적인 악플러들이 아니다. 이것은 그저 표면적인 해프닝일 따름이다. 주목해야 하는 건 오늘날 시민들이 개인적으로는 냉소적 주체임에도 저마다 공동체의 구성원으로서 공적 가치를 활발히 주장하고 싶어 한다는 사실 그 자체다.

이른바 '타블로 사태'가 일단락됐다. 햇수로는 3년 넘게 끌어온 사건이다. 어마어마한 에너지가 들끓다 사라져갔다. 가장 고통 받은 사람은 타블로 본인과 그의 가족이다. 이 사태를 통해 누구도 이득을 본 사람은 없다. 정도의 차이가 있을지언정, 모두가 피해자다. 타블로의 팬들, 지인들, 이 사태를 계속 지켜봐야 했던 시민들, 심지어 힙합 가수의 학력이 거짓이라는 걸 밝혀내기 위해 엄청난 시간과 열정을 투입한 사람들 또한 마찬가지다. 타블로 사태는 지금도 인터넷에서 벌어지고 있는 수많은 '신상털기'들과 공통점도 있지만, 유달리 특이한 점도 많은 사건이었다. 한국 사회의 모순을 아주 전형적으로 보여주는가 하면, 사태의 특정 국면은 우리에게 매우 낯설게 다가오기도 한다. 이 사태는 '극소수 정신병자가 인터넷에서 난동을 부린 사건'으로 단순히 정리될 수도, 정리되어서도 안 된다. 냉소적 주체가 사적인 방식으로 정의를 구현하려 할 때 어떤 일이 벌어지는지를, 타블로 사태는 일목요연하게 보여준다. 그러고는 우리에게 시민이라는 주체를 어떻게 만들어야 할지에 대해 묵직한 질문을 던지고 있다. 자, 그 전에 먼저 사태의 전말부터 들여다보기로 하자.

'타블로 사태'의 전말

힙합그룹 에픽하이의 리더 타블로는 데뷔 초부터 자신이 미국 스탠퍼드 대학교 영문과 석사 출신이라 밝혀 화제가 되었다. 대중들의 호응을 얻어 스타가 된 후에도 타블로의 학력은 언론에 의해 거듭 노출되었고, 특히 평균적으로 5~6년 이상 걸린다고 알려진 스탠퍼드 대학교 영문과 학·석사 동시이수 프로그램co-terminal master program을 불과 3년 반 만에 졸업했다고 타블로 자신이 밝힘으로써 더욱 관심을 모았다. 그런데 2007년 '신정아 학력 위조 사건' 등과 같은 유명 인사와 연예인의 학력 조작 스캔들이 줄줄이 터져 나오는 와중에 몇몇 사람들이 타블로의 학력에 대해 인터넷에서 의혹을 제기하기 시작했다. 타블로는 이에 대해 특별한 대응을 하지 않았지만 간간이 인터뷰 등을 통해 억울함과 답답함을 호소했다. 하지만 타블로 학력 의혹은 끊이질 않았고 이에 타블로가 2010년 4월 "거짓 소문으로 명예를 훼손당했다"며 한 네티즌을 고소하기에 이른다. 이를 계기로 타블로 학력 논란은 다시금 수면 위로 급부상한다.

2010년 5월에는 왓비컴즈whatbecomes, 일명 '왓비'라 불리는 네티즌에 의해 '타진요(타블로에게 진실을 요구합니다)' 카페가 개설됐고, 곧 '상진세(상식이 진리인 세상)'라는 카페도 개설되어 이 두 카페를 중심으로 본격적으로 타블로 학력 의혹이 확대 재생산되기 시작했다. '왓비컴즈'는 타블로 사태 전반에 걸쳐 핵심적 역할을 한 네티즌으로 사실상 타블로 학력 의혹을 제기한 집단의 리더 역할을 해온 인물이다. 타블로는 트위터 등을 통해 "나와 가족 모두가 고통 받고 있다"며 참담한 심정을 여러 차례 밝혔고 나름의 해명도 시도했지만 논란은 수십 개의 쟁점들로 진화하며 확산되었다. 학력 의혹을 제기하는 카페 회원 수도 기하급수적으로 늘어나면서 각종 인터넷 게시판에 타블로 학력 의혹 관련 게시글이 노출되는 경우가 매우 잦아졌다. 2010년 8월에는 타블로의 학력에 의혹을 제기하는 사람들이 서울 주요 도심에서 1인 시위를 벌이기도 했다. 〈MBC 스페셜〉은 미국 스탠퍼드 대학에 직접 가서 관계자들을 만나 취재한 내용을 2010년 10월 1일, 10월 8일 두 차례에 걸쳐 방송, 학력 의혹의 상당 부분이 해명되면서 여론이 급격히 타블로 편으로 돌아서는 계기가 됐다. 방송 직후 타진요 회원 수가 18만 명을 넘기는 등 타블로 사태는 초미의 관심사가 됐다. 서초경찰서는 "타블로의 학력은 사실"이라 발표했고, 수사 과정에서 '왓비컴즈'는 50대 후반의 미국 국적 남성이라는 사실도 밝혀졌다. 한편 상진세 회원들은 한국 경찰의 수사 결과를 믿지 못하겠다며 미국의 FBI에 수사 의뢰를 해야 한다고 주장하기도 했다.

경찰이 인터폴을 통해 '왓비컴즈'를 체포하겠다며 압박하자, 10월 11일 '왓비컴즈'는 『시카고 중앙일보』와 인터뷰를 통해 "타블로가 이겼다", "더 이상 학력 인증 요구를 하지 않겠다", "한국과 연을 끊고 지역을 떠나겠다" 등의 입장을 밝혔다. 2010년 10월 22일 상진세는 공식 사과문을 발표하고 카페를 폐쇄했다. 타진요의 일부 회원들은 여전히 "타블로 측에 의한 매수설" 등을 주장하며 '타진요2' 카페를 개설하는 등 반발하고 있지만, 법적 절차만 남겨놓은 채 사태는 사실상 종결되었다. 이상이 타블로 사태의 간략한 요약이다. 하지만 역시 흥미로운 점은, 학력 논란의 전개 과정이나 쟁점이 아니라 사람들로 하여금 저렇게까지 한 가수의 학력 의혹에 매달리게 만드는 기제가 무엇인가라는 점이라 하겠다.

악플러, 최고로 사회화된 인간

페터 슬로터다이크는 그에게 세계적 명성을 안긴 『냉소적 이성 비판』에서 이렇게 선언하였다. "우리 시대는 냉소의 시대가 되었다." 냉소주의자들은 자신이 하고 있는 짓을 잘 알지만, 그럼에도 불구하고 그렇게 행동한다. 좀 더 부연하자면, 자신이 하는 짓이 속아서 하는 짓이라는 것을 알면서도 그렇게 행동한다. 왜? 다르게 행동한다고 해서 별반 달라질 게 없다고 믿기 때문이다. 그래서 냉소적 주체들에게 이데올로기적 기만을 폭로하고 도덕적 정당성을 강변하는 계몽주의는 별로 효과가 없다. "결국 돈 때문에, 제 밥그릇 때문에 저러는 것 아니냐"는 반응이 바로 전형적인 냉소주의자의 태도다.

이런 태도 아래에는 진위眞僞, 선악善惡, 미추美醜라는 고전적 판단 범주에 대한 의심이 자리 잡고 있다. 이런 의심은 물론 데카르트 이후의 것이다. 냉소주의자들은 무엇이 진짜이고 가짜인지, 또는 무엇이 원본이고 복제인지 알기조차 어려운, '자본주의의 외부가 없는 세계'에서 사실상 유일한 가치 기준은 가격price이라는 사실에 대해 지나치게 잘 알고 있다. 또한 그런 가치 기준이 어떻게 부조리한 현실을 지탱하고 있는지까지도 알고 있다. 그런데도 냉소적 태도를 유지하는 것은 타자가 나의 눈먼 믿음을 배반하지 않을까 하는 불안감 때문이며 이 불안이야말로 냉소주의를 믿음과 현실의 간극을 봉합하는 주체의 전략으로 기능하게 만든다. 냉소적 주체가 근대 이후 인간 주체의 중요한 전형이 된 까닭은, 이런 태도가 타자가 개별 주체에 가하는 구조적 압력을 효과적으로 견디고 적응하도록 만들어주었기 때문이다. 타자가 가하는 압력이란 무엇일까. 그것은 한마디로 타자의 욕망이다. 우리는 타자에게 끝없이 묻는다. "니가 진짜로 원하는 게 무엇이냐"고. 그래서 냉소적 주체가 가장 안도하는 순간은 타인이 어쩔 수 없는 속물^{snob}임을 폭로하는 순간이다. 이것은 얄팍한 거짓을 밝혀내 일말의 정의를 실현했다는 의미가 결코 아니다. 타자의 욕망이 무엇인지 정말로 깨달아서는 더더욱 아니다. 그저 상대와 나의 '등가교환'이 가능하다는 사실, 다시 말해 자본주의적 질서 아래에서의 '평등한' 사회적 관계가 가능하다는 걸 확인했다는 의미에서의 안도. 이것은 또한 의도나 과정이야 어찌 됐든 결과적으로 우리는 동일한 질서에 복종할 수밖에 없다는 체념이기도 하다. 냉소적 주체는 바로 그런 의미에서 '탈주술화하는' 주체인 셈인데, 냉소주의라는 태도는 교환관계가 가능할지 아닐지 모르는 상황에서 '목숨 건 도약$^{salto\ mortale}$'을 해야 하는 주체가 들어놓은 일종의 보험이기도 한 셈이다.

이른바 인터넷 악플러들의 스테레오타입은 '사회 부적응자', '맹목적 광신도'이다. 이를테면 어둡고 담배 연기 자욱한 골방에서 컴퓨터 자판을 두드리고 있는 음침한 사람이거나 혹은 충혈된 눈으로 수십 개의 창을 띄워놓고 모니터를 향해 욕설을 지껄이는 사람이다. TV 공익광고 등에서 표현되는 이미지가 정확히 그것이다. 타블로 사태에 대한 일부 정신과의사들의 글이나 코멘트를 보면, 학력 의혹을 제기하는 사람들 중 핵심인사 몇몇은 마치 심각한 정신질환을 앓고 있는 것인 양 묘사된다. 그러나 이런 식의 진단은 매체를 통해 접한 모습을 간접적으로 분석한 것으로, 온전한 전문가적 소견이라 보기 어렵다. 한 가지 명확한 점은, 타블로의 학력 문제를 집요하게 물고 늘어진 사람들은 결코 무지몽매한 사람들이 아니었다는 점이다. 그들 중 상당수는 대체로 고학력의 화이트칼라 또는 지식인이거나 그에 준하는 수준의 교육을 받은 사람들로 알려졌다. 즉, 이들은 세상이 어떤 방식으로 돌아가는지를 스스로 잘 안다 여기는 사람들이다.

악플러들이 쓴 글을 읽어보면 '사회 부적응자'이거나 '맹목적 광신도'이기는커녕 현대사회의 가장 전형적인 인간형, 즉 냉소적 주체들이라는 점을 금세 알 수 있다. 어떤 사안이 대중들에게 어떻게 비치는지 명확히 인식하고 있으며 그런 부분을 논리적이고 체계적으로 담론화하는 데도 탁월한 능력을 발휘한다. 오히려 악플러들은 공교육 체계가 요구하는 도덕이나 상식 따위를 아주 우수하게 내면화한 사람들, 다시 말해 주류 질서와 논리를 체화한 인간이며, 세상 돌아가는 이치를 누구보다 정확히 알고 있는, 한마디로 가장 사회화된 인간일 가능성이 높다. 이들에게 세상은 두말할 나위 없이 돈과 외모와 학벌이 지배하는 곳이다. 또한 이들은 타블로가 우수한 성적으로, 그것도 조기 졸업했다고 주장한 스탠퍼드 대학교가 얼마나 대단한 '학벌'인지 누구보다 잘 알고 있는 사람들이다. 이들이 타블로에게 가진 반감의 정체는 많은 사람이 얘기하듯 학벌주의에서 비롯한 열등감, 콤플렉스 때문일까? 그럴 수도 있겠지만, 이들이 보여준 언술들을 종합해보면 그리 단순하지는 않은 것 같다.

'한국형 평등주의'는 어떻게 작동하는가

일반적 의미에서 평등주의는 "너무 많이, 혹은 너무 적게 갖는 건 불공평하다"라는 것이다. 반면 한국형 평등주의는 "나도 부자가 되어야 한다"이다. 자매품으로 "내 새끼도 서울대 가야 한다"와 "나도 MBA 따야 한다" 등이 있다. 즉, 일반적 평등주의는 '사회 전체의 비대칭'을 문제 삼는 데 비해, 한국형 평등주의는 '부자와 나의 비대칭'만 문제 삼는다. 전자의 처지에 서면 필연으로 부자가 가진 것을 일정 부분 빼앗아올 수밖에 없다. 그래야 못 가진 자에게 분배할 테니까. 그러나 후자의 처지에 서면 그런 일이 벌어질 수 없다. 부자들의 것을 빼앗는 것은 곧 자신의 숭고한 목적을 훼손하는 짓이기 때문이다.*

　타블로는 여러 방송 프로그램에서 자신이 스탠퍼드를 졸업하고 힙합 가수로 활동하는 것에 대한 자의식을 매우 강한 어조로 밝힌 적이 적지 않았다. "아니 왜 스탠퍼드씩이나 나와서 힙합같이 저급한 음악을 하냐"고 묻는 방송 관계자에게 타블로가 격렬하게 항의했다는 이야기는 대중에게 널리 알려진 에피소드였다. 거칠게 말해서, 타블로는 초일류 명문대학교 학벌과 힙합이라는 흑인 음악 중에 후자를 택한 사람이었다. 학벌주의에 완전히 사로잡힌 사람들에게 이것은 이해할 수 없는 일을 넘어 분노를 살 만한 일이었다. 요컨대 타블로 사태에서 학벌주의가 문제라면 그 내용은 타블로의 학벌이 너무 좋다는 게 아니었다. 그 좋은 학벌을 마치 '별것 아닌 것처럼' 이야기하는 것으로 보였기 때문이다. 모든 한국인이 마땅히 승복해야 할 '숭고한 질서'를 하찮게 취급했기 때문에 분노를 불러일으킨 것이다.
　여기서 타블로는 학벌질서의 승리자인 동시에 교란자다. 학벌주의에 포획된 냉소주의자들이 진정으로 분노하는 경우는 자신과 비슷한 역량을 가진 사람이 자신보다 나은 학벌을 획득했을 때가 아니다. 냉소적 주체는 그런 부조리한 상황을 어

---

* 박권일, 「부자에게 유리한 한국형 평등주의」, 『시사IN』 56호, 2008년 10월.
　강준만, 「한국형 평등주의」, 『한겨레』, 2008년 12월 15일자.

떻게든 합리화시킬 수 있는 수십 가지 방식을 체화하고 있는 존재들이다. 예를 들어 학벌이나 돈과 같은 주류의 상징질서를 정면으로 부정하는 사람이 있다 하더라도, 그가 "사실은 서울대를 못 나온 열등감 때문에 서울대를 비판하는 것"이라고 치부해버리면 그만이다. 정작 냉소주의자들이 가장 패닉에 빠지는 순간은, 자신들의 평등주의적 열망이 가리키는 숭고한 상징질서를 정면으로 부정하는 자들이 그 상징질서 피라미드 최상층 스펙을 이미 획득한 사람일 경우다. 이 경우 냉소적 주체는 과연 어떻게 대응할까. 냉소를 자신의 내면으로 돌려 보다 근본적 차원의 성찰로 승화시키는 기적은 물론, 거의 일어나지 않는다. 대체로 냉소적 주체들의 반응은 둘 중 하나다. '굴복'이냐 아니면 '적대'냐.

굴복이 의미하는 것은 그런 타자를 인정하고 자신보다 우월한 존재로 추인하는 것이다. "사회의 주류가 될 수 있는 사람이 화려한 스펙을 포기하고 자기를 희생하였구나"라고 감복하는 것이다. 그것이 결코 사회적 질서를 비판적으로 바라보는 데서 나온 결론이 아니라는 점을 상기한다면, 연대나 지지라기보다는 차라리 열광 혹은 팬덤에 가까운 태도다. 실제로 대중적 인기가 높았던 정치인의 경우, 자신의 명백한 정치적 이익을 내던지는 일종의 '정치적 희생제의'를 감수한 사람들이 적지 않았다. 그들이 이런 희생제의를 통해 획득한 자산은 정치적 정당성이 아니라 '정치적 순결성' 혹은 소위 '국민에 대한 순정'이다. 오랫동안 한국 사회에서 대중의 정치적 지지라는 게 그렇게 형성되어왔다. 한편 그렇게 굴복하지 않은 경우엔 매우 공격적인 방식으로 적대감이 표출된다. 2010년 3월 사회적 파장을 몰고 온 김예슬 선언에 대한 수많은 대학생의 냉소―"나도 포기할 학벌이나 있었으면 좋겠다"는 비아냥―가 바로 그런 감수성에 기반한 것이었다.

'도착증적 정의正義' 너머

타블로 사태가 우리에게 새롭고 낯설며 의미심장한 사건인 까닭은 냉소적 주체들이 어떻게 '눈먼 정의의 사도'로 변신할 수 있는지, 그 메커니즘을 적나라하게 드러냈다는 점 때문이다. 냉소적 주체의 평등주의적(동시에 속물적인) 열망 자체가 타자에 의해 무의미해지고 해체될 위기에 놓였을 때, 냉소적 주체는 스스로가 어떤 실익을 위한 목적이 아니라 순수하고 중립적으로 사회정의를 요청하고 있다는 걸 보여주려 한다. 그 주체는 타자의 시선을 늘 염두에 두기에 과학적이고 논리적으로 보이기 위해 안간힘을 쓰는 한편, 자기 정당성의 표식으로 극단적 반실용주의자의 면모와 종교적 열정을 방불케 하는 신실성sincerity을 내세우게 되는 것이다. 요컨대 이 지루하고 처절한 진위 공방이 누구에게도 이익을 안겨주지 못한다는 바로 그

점이야말로, 타진요 또는 상진세의 문제 제기를 사심 없이 순수한 '진실 추구' 혹은 '정의 구현'으로 만들었던 핵심적인 측면이었다. 이것은 가히 '도착증적 정의'라 부를 만한 것이었다. 이런 진리 추구의 형식은 이른바 뉴사이언스운동에서 과학의 힘을 맹신하는 종교인의 모습으로 이미 오래전부터 존재해온 바 있다.

타블로에게 요구한 '진실(타진요)'과, 세상에 요구한 '상식(상진세)'의 공통점은 그것이 한국인들이 제일 중요하게 생각하는 공적 가치들이라는 점이다. 한국 사회에서 인터넷의 이데올로기적 기능은 여러 가지가 있겠지만, 그중 특히 흥미로운 지점은 시민이라는 '중립적 주체'에 관한 판타지의 확대재생산이다. "나는 정치에 대해 잘 모르지만……", "나는 영화에 대해 잘 모르지만……"으로 시작하는 대중들의 발언은 실제로 아주 정치적이고 당파적임에도 강박적으로 중립성을 가장하고 있다. 물론 이런 태도가 전부는 아니다. 독도 문제나 영화 〈디 워〉, 황우석을 말할 때는 중립적 주체라기보다는 애국주의 또는 국익주의*적 태도를 강하게 드러내기도 한다. 그럼에도

---

* 공동체 그 자체나 공동체의 어떤 숭고한 가치에 대한 믿음이 아니라 국가경쟁력이 개인과 기업의 경쟁력과 이윤 축적에 도움을 줄 거라는 믿음을 근거로 삼는 애국주의. "내가 나라를 사랑하는 데에는 명백하고 구체적인 이유가 있어야 한다"는 경쟁의 프레임에 기반한, '국가경쟁력 담론'으로서의 애국주의. (박권일, 「국가가 침몰한 곳에서 인양된 낯선 아이러니」, 『자음과모음R』 창간호, 2010년 여름.)

불구하고 '중립적 시민'에 대한 판타지는 하나의 경향으로 비교적 명확히 감지된다. 그들은 왜 그렇게 중립적 시민에 그렇게 집착하는가. 광기 어린 반공주의가 지배해온 역사적 배경도 작용했을 것이다. 다른 한편으로 공적 가치의 내용보다 그 가치를 주장하는 '자격'을 더 문제 삼는 기묘한 결벽증도 큰 영향을 주었으리라 추측된다. 이 결벽증은 사회에 냉소적 주체가 지나치게 많기 때문에 생긴 역설이 아닐까. 진실을 추구하고 상식을 주장하는 사람이 알고 보면 자신의 이익을 위해 움직이고 있을 뿐이라는 냉소주의적 확신이, 중립성에 대한 판타지를 반대편에서 강화하는 상황 말이다.

문제는 사회적 물의를 일으키는 개별적인 악플러들이 아니다. 이것은 그저 표면적인 해프닝일 따름이다. 주목해야 하는 건 오늘날 시민들이 개인적으로는 냉소적 주체임에도 저마다 공동체의 구성원으로서 공적 가치를 활발히 주장하고 싶어 한다는 사실 그 자체다. 이웃나라 일본과 비교해보더라도 확연히 다른 지점이며 분명 고무적인 일이다. 그러면 냉소주의가 도착증적이고 맹목적인 정의로 귀결되는 현실을 넘어서기 위해 무엇이 필요할까. 신실성sincerity과 진정성authenticity 같은 담론들을 동원해가며 정의justice를 주장하는 자의 자격을 따지는 태도를 벗어나야 한다. 이런 식의 태도는 기껏해야 주체의 윤리적 성찰 이상의 것을 말할 수 없고, 결과적으로 냉소를 강화하는 역할을 하게 될 가능성이 높다. 그 대신에 정의의 내용, 이를테면 공정성fairness이 과연 이 사회에서 의미하는 바가 무엇인지, 어떤 사회적 맥락에서 유효하고 덜 유효한지 등에 대해 치열하고 구체적으로 고민해야 한다. 무엇보다도, 인터넷이 악플과 욕설이 넘쳐나는 쓰레기장이 아니라 한국 사회에서 근대적 시민 주체가 활발하게 재구성되는 담론 공간이며, 현실과 결코 분리될 수도 분리해서도 안 되는 또 하나의 현실이라는 점을 명확히 인지할 필요가 있다. 냉소주의 시대의 시민적 주체의 재구성은 거기에서부터 출발해야 한다. 타블로 사태가 남긴 교훈이 있다면 그것이다.

— 『자음과모음R』 3호, 2010년 겨울

소셜 미디어의 겉과 속

개별적으로 존재하지만 네트워크로 연결된 그들은 능수능란하게 미디어를 활용하는 차원을 넘어 스스로 미디어가 되었다. 실은 그것이야말로 '집단 지성'이란 모호한 찬사로 은폐된 '히드라'의 정체. 그 히드라는 무한하게 돋아나는 머리들을 가졌다는 점에서 전율스러운 존재지만, 그 무엇도 진짜 머리가 아니라는 점에서 또한 순식간에 혼돈에 빠지고 갈기갈기 찢어져버릴 수도 있는 나약한 존재다.

"트위터가 세상을 바꾼다!" 이런 말이 별 저항감 없이 받아들여지던 목가적인 시절이 있었다. 불과 몇 개월 전만 해도 그랬다. 소위 '트위터의 빅 마우스'들은 과장된 수사를 남발하며 이 경이로운 매체를 찬미했다. 물론 그 속을 들여다보면 기껏해야 자신들이 가진 알량한 권력의 과시였다. 하지만 거의 모든 매체가 유명인이 SNS^{Social Network Service 사회관계망 서비스}에 남긴 말을 그대로 받아다 기사화하는 관행을 반복하던 터라 아예 무시하기도 어려웠다. 기자들 사이에서 '트위터 마와리(트위터를 돈다는 의미로 사쓰마와리, 즉 사회부 기자가 경찰서를 돌며 사건

취재를 하는 관행에 빗댄 말)'란 말이 자조적으로 오르내렸다. 대체 트위터가 뭐기에 저렇게까지 하는 거야, 라며 그간 관심 없던 이들까지 하나둘 트위터와 페이스북의 세계로 발을 들여놓았다.

'트위터 버블' 현상은 2011년 서울시장 보궐선거를 전후해서 정점을 찍은 것 같다. 당시 진보·개혁 진영 후보인 박원순 시장이 탄생한 배경에 트위터 등 SNS의 역할이 컸다는 분석이 빠지지 않고 등장했다. 그러다 2012년 4·11 총선 직후 그런 얘기는 쏙 들어갔다. 대신 트위터 회의론, 심지어 '무용론'이 득세했다. "트위터, 아무것도 아니었다", "빈 깡통이 요란했다", "찻잔 속의 태풍" 류의 기사들과 칼럼이 우르르 쏟아져 나왔다. 서울시장 선거와 달리 야권이 예상 외의 참패를 당했기 때문이다.

그러나 "인터넷이 세상을 바꾼다"는 주장, 그리고 "트위터가 세상을 바꾼다"는 식의 주장은 너무 모호해서 생산적인 논의로 이어지지 못하는 경우가 많다. 대체 '세상을 바꾼다'는 게 무슨 의미이고 기준이 무엇인가? 혁명인가? 아니면 사회 개혁인가? 아니, 어쨌든 세상은 늘 바뀌고 있지 않은가? 혹시 소셜 미디어에 대한 이런 식의 접근 방식 자체에 문제가 있는 건 아닐까? 구체적으로 선거와 같은 대형 정치 이벤트에서 소셜 미디어의 영향력은 얼마나 그리고 어떻게 작용할까? 소셜 미디어가 여론을, 전체 유권자의 여론은 아니더라도 진보·개혁 성향 유권자의 여론을 대표할 수 있는가? 이런 질문들을 소셜 미디어의 '외부 문제'라고 한다면, 소셜 미디어의 세계 속에서 벌어지는 '내부 문제'도 있다. 개인들이 소셜 미디어를 매개로 상호작용하면서 벌어지는 사회심리적 현상들 말이다. 먼저 소셜 미디어의 '속' 또는 '내면'부터 들여다보자.

히스테리아 파라노이아

소셜 미디어는 흔히들 말하는 것처럼, '현실의 축소판'인가? 그러나 이 말은 진부할뿐더러 오류에 가깝다. 차라리 소셜 미디어는 개인의 황폐한 정신 상태가 적나라하게 드러난다는 점에서 거대한 정신 병동이다. 인간 군상의 기묘한 행태가 실시간으로 '전시display'된다는 점에서 '동물원'이기도 하다.

    가장 흔히 보이는 증상은 히스테리성 인격장애histrionic personality disorder다. 다른 말로는 흔히 '연극성 인격장애'라고 부르기도 한다. 물론 치료를 요하는 '장애'인 경우는 실제로 드물겠지만, 오프라인과 달리 온라인에서 유사 히스테리성 인격장애를 목격하는 경우는 셀 수조차 없을 정도로 많다. '보편 증상'이란 말을 붙이고 싶을 정도다. 알려진 주요 증상은 다음과 같다. '자신이 주목받지 못하는 상황을 불편하게 생각한다', '감정 표현이 자주 바뀌고 피상적이다', '자신을 극적인 방식으로 표현하고 연극적인 태도를 보이며 감정을 과장해서 표현한다', '다른 사람과의 관계를 실제보다 더 친밀한 것으로 생각한다'. 좀 더 구체적으로 행태를 묘사해보면 이렇다. '누가 봐도 허세인 게 뻔한 자기 자랑, 말하지 않아도 될 민망한 개인사를 물어보지도 않았는데 늘어놓는다.' '사소한 에피소드에 지나치게 기뻐하며 축하해달라고 한다.' '세상이 끝나기라도 한 것처럼 우울한 모습을 계속 어필한다.' 물론 그들의 모든 발화는 철저히 타자의 시선을 의식한 것이다. 일기장에 쓰는 것도 아니고 인터넷에 공개하는 것이니 당연하다. 그럼에도 불구하고 그들은 '손발이 오그라드는' 이야기들을 태연히 공개한다. 이것은 자기 전시 욕망$^{desire\ for\ self\ display}$이다. 인간이면 누구나 가지고 있는 인정 욕망은 정체성 또는 내면의 가치 평가와 밀접한 연관이 있다. 반면 자기 전시 욕망은 그야말로 자신을 보여주고 대상화시키는 것에 집중된다. 요컨대 자기 자신에 대한 일종의 물신화^{fetishism}, 자기소외다. 이것은 타자의 시선으로 자신을 바라보는 게 아니다. 스스로 '타자의 시선이라 상상한' 어떤 시선으로 자신을 바라보는 것이다.

개인이 받는 스트레스를 고려해본다면 사실, 엄청난 비난을 당하는 것보다 조용히 잊힌 채 살아가는 게 훨씬 낫다. 그럼에도 오늘날 사람들은 그야말로 열광적으로 타인의 관심을 갈망하는 것처럼 보인다. 인터넷의 발달은 무관심을 가장 끔찍한 지옥으로 만들었다. 우스갯소리로 트위터를 '셀러브리티의 자살도구'라 이름 붙인 적이 있다. 유명인들, 명망가들이 몰상식한 발언을 트위터에 올려 자신의 무지와 무교양을 스스로 폭로하는 경우가 워낙 많아서다. 그러나 이건 셀러브리티만의 문제는 아니다. 소셜 미디어의 지나친 몰입은 셀러브리티뿐 아니라 평범한 사람들까지 '관심병 환자'로 만들고야 만다.

소셜 미디어의 또 하나 특징은 음모론적 공간이라는 점이다. 자기 전시 욕망이 히스테리hysteria적 증상이라면 음모론은 편집증paranoia과 밀접한 관련이 있다. 편집증이란 일종의 '체계적인 망상'이다. 편집증적 주체는 희생양을 만들거나 아니면 영웅을 만들어냄으로써 늘 자신이 피해자인 망상 속에 존재하는 가해자와 구원자라는 공석을 채워 넣으려 한다. 사람들은 음모론을 통해 실체적 진실이 어딘가에 밝혀지지 않은 채 은폐되어 있고, 그 판도라의 상자가 열리지 못하도록 만드는 악의 세력이 존재한다고 상상하기를 좋아한다. 그런 판타지를 상상하지 않으면 세계의 근본적 무의미성을 견디기 어려워서일지도 모르겠다.

아무튼 소셜 미디어는 나의 판타지와 타인의 판타지 사이의 상동성을 즉각적으로 확인하기에 좋은 환경이다. 나뿐만 아니라 다른 사람들도 그렇게 생각한다는 걸 확인하면 그것이 곧 보편성의 지표가 되어버린다. 수백 번 리트윗RT되고 수백 개의

'좋아요'가 표시된 콘텐츠는 그 자체로 사회적 설득력을 지닌다. 물론 그것이 실제로 근거 있는 내용인지는 별개의 문제다. 많은 경우 전말이 제대로 확인되지 않거나 뒤늦게 거짓인 게 밝혀지기도 한다. 트위터를 떠들썩하게 만들었던 '채선당 임신부 폭행 사건'이 대표적 사례다. 처음 트위터를 통해 일파만파 퍼져나간 내용을 그대로 믿은 사람들이 일방적으로 채선당 식당 측을 비난했지만, 나중에 알려진 사건의 전후사정은 임신부의 주장과 매우 달랐다. 이 사건은 곧 극우 언론이 트위터를 진보 진영의 거짓말과 흑색선전이 난무하는 공간으로 게토화시키는 전술을 구사할 때 단골로 인용되는 사례가 됐다.

한편 새누리당 비례대표 당선자 이자스민 씨 인종차별 논란의 경우처럼, 트위터의 부정적 측면을 과장해 역이용하는 사례도 있었다. 실제로 트위터에서 이자스민 씨에 대한 인종차별적 발언이 별로 없었음에도 불구하고 몇몇 언론이 제대로 확인도 하지 않은 채 마치 사실인 것처럼 보도를 했고, 이것은 새누리당 측이 진보 진영을 '역공'하는 근거가 됐다. 그러나 확인 결과 새누리당에 반대하는 사람들의 절대다수가 이자스민 씨에 대한 인종차별에 '반대'하는 발언을 트윗했다는 사실이 밝혀졌다.

자정 기능이 작동하기는 해도 정보의 유통 속도가 지나치게 빠른 소셜 미디어는 유언비어와 음모론이 퍼지기에 매우 좋은 환경인 것은 사실이다. 트위터는 텍스트를 분석할 시간 자체를 허용하지 않는 매체다. 어떤 사안에 대해서건 거의 즉각적으로 반응해야 한다. 돌아다니는 소문이 사실인지 아닌지 확인하기 이전에, 이미 판결은 내려진다. 140자라는 한계는 분석의 정당성이 아니라 수사의 적절성에 더 신경 쓰게 만든다.

트위터에 보여지는 현실, 즉 타임라인은 사실 자기 자신이 편집한 현실이다. 입맛에 맞는 사람들을 팔로우하고 그 사람들의 이야기를 들여다보는데도 사람들은 마치 그것이 세계 그 자체인 것처럼, 또는 세계의 축소판인 것처럼 착각하기 쉽다. 소셜 미디어는 세계를 좀 더 정확히 바라볼 수 있게 하는 '존재의 안경'이 되기 어렵다. 내 타임라인에 올라온 이야기들은 물론 의미 있고 소중하지만 어디까지나 그것은 '세계의 파편'일 따름이다. 이제 소셜 미디어의 내면을 한마디로 정리할 수 있게 됐다. 바로 '히스테리아 파라노이아 hysteria paranoia'다.

19대 총선과 'SNS 회의론'

진보·개혁 진영 입장에서 무상급식 찬반 투표, 그리고 서울시장 선거는 '트위터의 힘'을 보여준 사건인 반면, 얼마 뒤 19대 총선은 '트위터의 한계'를 보여준 사건이 됐다. 사람들은 어제까지 트위터가 지배하는 시대였던 것처럼 호들갑을 떨다가 오늘부터는 트위터 따위 신경 쓸 필요 없다는 식으로 군다. 양쪽 모두에 일말의 진실이 담겨 있다. 또한 양쪽 모두 틀리기도 했다.

4월 11일 총선 당시 트위터를 휩쓴 가장 큰 흐름은 투표 독려 운동이었다. 유명인들, 명망가들이 "투표 인증을 하면 맞팔(트위터에서 상호간에 '팔로우'를 승인한 상태)을 해드리겠다"는 식으로 투표를 독려했다. 심지어 "투표율 70%를 넘으면 망사스타킹을 신고 광화문 광장을 뛰어다니겠다" 류의 '무리수'를 두기도 했다. 이런 움직임에 대해 일부 트위터러 사이에서 냉소적인 반응도 튀어나왔다. "팔로우해주는 게 무슨 큰 특혜 또는 시혜라도 되는 것처럼 군다"며 눈꼴시다는 반응도 있었고, 몇몇 진보·개혁 명망가들의 트윗 발언을 두고 "젊은 세대가 투표하면 전부 자기네 당 찍는 게 당연한 것처럼 오만하게 군다"라는 '뼈 있는 비판'도 있었다. 일리 있는 비판들도 없지 않았으나 어쨌든 투표 독려 자체를 두고 비난할 여지는 별로 없었다. '더 많은 사람들의 선거 참여'가 '공공선'에 대한 일반적 상식에 부합하기 때문이다. 물론 그게 전부는 아니다. 진보·개혁 진영 입장에선 투표율이 낮아지는 게 문제지 투표율이 높아지는 걸 말릴 이유가 없다. 투표율이 일정 수준 이상 높아지면 분명 자신들이 유리하다는 걸 알고 있었기에 그들은 더욱 열심히 투표 독려에 매달렸다.

결과는 어땠을까. 익히 알다시피 19대 총선 투표율은 70%

는커녕 60%에도 미치지 못했다. 이명박 대통령의 인기가 날로 떨어지는 상황에서 정권 심판론으로 압승을 예상하던 야당은 수도권을 제외하면 사실상 참패했다. 트위터 등 소셜 미디어 여론만 봐서는 야당이 결코 질 수가 없는 선거였다. SNS를 계속 부정적으로 묘사하며 흠집내기에 열중해온 극우·보수언론뿐 아니라 진보·개혁 진영에서도 SNS 회의론 내지 SNS 부정론이 확산됐다.

한국은 OECD 국가 중 유독 투표율이 낮은 나라다. 특히 바로 이전 총선인 2008년 18대 총선 투표율은 46.1%로 역대 최저 투표율을 기록했다. 극우·보수 진영의 국회의석 숫자가 진보·개혁 진영 의석의 2배에 이르렀다. 투표율이 낮을수록 우파에 유리하다는 속설 또는 정설이 여지없이 증명된 선거가 18대 총선이었다. 그런 18대 총선에 비한다면 54.3%의 19대 총선 투표율은 확실히 높아진 수치이긴 하다. 소셜 미디어 전문가로 알려진 서울대 사회학과 장덕진 교수도 같은 맥락의 주장을 하고 있다.

투표율 54.3%는 결코 낮지 않다. SNS를 매개로 한 이른바 '소셜 선거'가 본격적으로 나타나기 시작한 것은 2010년 6·2 지방선거부터다. 1987년 체제의 등장 이후 한국의 투표율은 지속적이고 가속적으로 낮아져왔고, 총선의 경우 2008년 46.1%

로 바닥을 찍었다. 그러던 것이 소셜 선거의 등장 이후 다시 높아지기 시작했고, 하락 추세를 25년 만에 뒤집었다는 것 자체로도 의미가 있다. 더구나 이런 추세는 6·2 지방선거, 4·27 재보선, 10·26 재보선에 이어 이번 총선까지 일관되게 유지되고 있다. 54.3%도 지난 총선에 비해 한꺼번에 8.2%나 상승한 것이다. (……) 증거는 또 있다. 언론 보도에 따르면 수도권 20대의 투표율은 무려 64%였다고 한다. 트위터 이용자의 절반 이상이 수도권에 살고, 평균 연령은 27.9세다. 과연 이 둘 사이에 아무 관계가 없을까?*

하지만 장덕진은 투표율 문제에 대해 나름대로 합리적인 의견을 내놓는 데 그치지 않고, 선거 이후 소셜 미디어에 가해지는 여러 비판을 반박하는 과정에서 다소 무리한 결론으로 치닫는다. 예를 들어 다음과 같은 주장이 그것이다.

셋째로, 오프라인 영향력 한계론이다. 트위터 이용자가 많은 지역에서는 영향력이 있었지만 그렇지 않은 지역에서는 영향력이 없었다는 해석이다. 그렇다면 4·27 재보선 때 강원도에서 최문순 지사가 25%의 사전 지지율 열세를 뒤집고 당선된 것은 어떻

---

* 장덕진, 「SNS는 유유상종? 주관적인 침소봉대」, 〈프레시안〉, 창비 주간논평, 2012년 4월 25일.

게 설명할 것인가?*

 트위터 이용자가 적은 지역에서 트위터의 역할에 한계가 있다는 주장에 대해 장덕진이 반례로 내세운 게 4·27 재보선 당시 강원도지사 선거에 출마한 최문순의 사례인데, 이건 더욱 이상하다. 확실히 최문순 후보는 한나라당 엄기영 후보에게 밀려 선거 초반 열세였다. 막판에 전세를 역전, 강원도지사로 당선된 것도 사실이다. 그런데 이 사실이 트위터의 오프라인 한계론에 대한 적절한 반박이 되는 걸까?
 그것이 반박 내지 반증이 되려면 최문순의 막판 역전승에 트위터가 결정적인(최소한 '중요한') 역할을 했다는 증거가 제시되어야 한다. 물론 해당 글에서 그런 근거는 제시되지 않았다. "압도적 열세였던 최문순이 당선된 이유라곤 트위터밖에 없지 않은가"라는 식으로, 암묵적으로 당연시되고 있을 뿐이다. 납득하기 어려운 주장이다. 많은 전문가와 선거 관계자들은 초반 열세였던 최문순이 역전할 수 있었던 주요 계기로 꼽는 것은 선거 후반 터진 엄기영 캠프의 대형 악재인 '강릉 불법 콜센터' 사건이었다. 낙마한 이광재 전 지사에 동정적인 지역 여론이 작용했다고 말하기도 한다. 물론 트위터에서 엄

---

* 장덕진, 같은 글.

기영보다 최문순의 인기가 압도적으로 높긴 했다. 하지만 트위터 여론이 지역 유권자의 여론과 직결된다는 근거가 있지 않은 이상, 트위터에서의 인기가 최문순 역전승의 결정적 원인 내지 배경이라 결론 내릴 수는 없는 것이다.

글래드웰-셔키 논쟁

장덕진은 SNS 회의론자들의 논리 중 "트위터 이용자들의 '선별적 자기 강화' 경향이 강하다"는 주장, 소셜 미디어의 영향력이 특정 지역에 국한된다는 주장 역시 부정하고 있다. '선별적 자기 강화'라는 것은 쉽게 말해 소셜 미디어라는 공간이 다양한 의견을 가진 사람들이 치열한 토론을 거쳐 건강한 공론을 형성하는 장이 아니라 끼리끼리 모여 한쪽으로 치우친 주장을 더욱 극단화시키고 있다는 뜻이다.

참고로 이는 사회심리학에서 오랫동안 연구된 주제인 집단 극화 현상Group Polarization, 그리고 미디어 이론에서 널리 알려진 반향 효과Echo Chamber Effect와도 맥이 통한다. 집단 극화 현상은 사람들이 혼자 있을 때보다 집단일 때 더욱 극단적인 의견으로 치우치게 되는 심리적 경향성을 말한다. 반향 효과는 인터넷 등으로 인해 정보가 지나치게 범람하면서 익명의 타자들과의 의사소통에 부담을 느낀 개인이 자신과 의견이 비슷한 소집단 등으로 스스로를 가두고 이런 좁은 세계에서 이미 알고 있는 지식이나 이념만 교환하고 공감하게 되는 현상을 가리킨다.

둘째로, 트위터 이용자들의 '선별적 자기 강화' 주장이다. 트위터에서 비슷한 사람들끼리 서로 팔로우하고 비슷한 정보만 주고받다 보니 보고 싶은 것만 보고 믿고 싶은 것만 믿어서 큰 그림을 놓쳤다는 주장이다. 여기에는 소위 '막말 파문'의 당사자였던 김용민 씨와 그가 출연하는 팟캐스트 〈나는 꼼수다〉의 사례가 증거처럼 붙어 다닌다. 이것은 미디어로서의 트위터를 전혀 이해하지 못한 주장이다. 우선 트위터에서 비슷한 성향 팔로우는 시간이 갈수록 약해지고 있어서 최근에는 60%를 조금 넘는 수준이다. 성향이 같거나 혹은 다르거나로 구분할 때 무작위로 팔로우해도 50%는 같은 성향이 된다는 것을 감안하면 이것은 '유유상종'이라고 보기 어렵다.*

장덕진은 트위터를 '유유상종'이라 보기 어렵다고 말하지만, 소셜 미디어의 선별적 자기 강화 내지 집단 극화 현상은 한국의 사례만으로 일도양단할 수 있을 정도로 단순한 문제는 아니다. 여전히 반례가 많은 사안이고 논란도 분분하다. 어떤 방식으로 조사하느냐에 따라 다른 결과가 나올 가능성도 다

---

* 장덕진, 같은 글.

분하다. 장덕진은 다른 성향을 팔로우하기보다 비슷한 성향을 팔로우하는 경향이 그리 심각하지 않다고 주장하지만, 어쨌든 비슷한 성향을 팔로우하는 경우가 60%가 넘는다면 그의 주장만을 근거로 삼더라도 확실히 편향bias이 존재한다고 해석할 수도 있는 것이다.

특히 눈여겨볼 부분은 인터넷의 지배적인 서비스들이 점점 개인화personalization하고 있다는 점이다. 『필터 버블』의 저자 엘리 프레이저는 페이스북이 사용자의 사용 성향을 분석하고 필터링해서 특정 성향의 사람과 교류가 적을 경우, 실제로 교류하는 비슷한 성향의 사람들의 소식만 전해주게 된다고 말한다. 결국 그 유저는 점점 더 자신과 다른 성향의 사람들의 소식을 접하기 어려워지게 된다. 또한 프레이저는 같은 단어로 구글검색을 하더라도 검색자에 따라서 어떤 사람에게는 『뉴욕 타임즈』의 기사가, 다른 사람에게는 『폭스 뉴스』의 기사가 먼저 보이는 식으로 다른 검색 결과가 나타난다고 주장한다. 물론 프레이저의 주장에 대해 집단 극화로 보기에는 근거가 박약하다는 반박도 많다. 분명한 점은, 소셜 미디어가 '비슷한 성향의 사람들끼리만 소통하게 만드는 폐쇄적인 매체'라고 낙인찍기도 어렵지만, 반대로 '소셜 미디어는 결코 유유상종의 매체가 아니다'라고 단정할 수 없다는 것이다. 공정하게 말한다면 소셜 미디어의 선별적 자기 강화, 또는 집단 극화 현상에 대해 신뢰할 만한 데이터를 가지고 포괄적이고 명쾌한 결론을 내리기엔 아직 좀 이르다고 해야 할 것이다.

소셜 미디어의 파급력 내지 사회적 영향이란 주제는 세계적으로 논란이 분분하다. 소셜 미디어 전도사로 유명한 클레이 셔키 뉴욕대 교수와 『뉴요커』 말콤 글래드웰 편집장이 2010년부터 2011년에 걸쳐 여러 지면에서 벌인 논쟁이 대표적이다. 최초의 발단은 글래드웰이 2010년 10월에 『뉴요커』에 쓴 글, 「조그만 변화: 혁명은 왜 트윗되지 않는가 Small Change: Why the revolution will not be tweeted?」였다. 사실 논쟁은 글래드웰과 셔키 사이에서만 벌어진 게 아니라 제이넵 터프키 등의 사회학자도 참여해 좀 더 이론적으로 풍성한 논의를 끌어내기도 했지만, 아무래도 대중에게 가장 잘 알려진 건 저널 쪽에서의 활동이 부각된 셔키와 글래드웰의 논쟁이었다.

글래드웰은 이 글에서 '강한 결속 strong-tie'과 '약한 결속 weak-tie'이라는 개념을 적극적으로 차용해 소셜 미디어가 소소한 사회적 변화를 일으킬 수 있을지 몰라도 중대한 사회 변화를 일으키는 데 역부족이라고 주장한다. 분실한 휴대전화를 찾아주고, '맛집'을 알려주는 데에는 약하게 결속된 인적 네트워크만으로도 충분하지만, 돈과 시간과 때로는 목숨까지 걸어야 하는 중대한 사안―이를테면 '혁명'―을 조직적으로 끌어나가기 위해서는 '강한 인적 결속'이 필요하다는 것이다. 트위터와 페이스북이 없어도 행동하는 시민들의 용감한 실천만 있으면 혁명은 성공한다. 그의 글은 냉소적인 구호로 끝이 난다. "네트워크로 연결된 약한 결속의 세계는 월스트리트 사람들이 10대 소녀에게 휴대전화를 찾아주는 데엔 좋은 도구다. 혁명 만세!"

아랍의 시민혁명과 월 스트리트 점령 운동에서 소셜 미디어의 역할이 지대했다고 평해온 클레이 셔키는 글래드웰의 주장 중 일부를 수긍하지만 그가 소셜 미디어의 속성 중 매우 중요한 부분들을 간과하고 있다고 지적한다. 즉, 소셜 미디어가 분명 '약한 결속'들이 모여 있는 상태라는 점에서 글래드웰이 옳지만, '약한 결속'이 '강한 결속'으로 변모하거나 그것을 지지할 수도 있다는 사실을 간과했다는 것이다. 요컨대 '약한 결속'과 '강한 결속'이 상호 배척하거나 모순된 개념이 아닌데 마치 그런 것처럼 이야기하고 있다는 점에서, 글래드웰이 틀렸다는 것.

글래드웰과 셔키의 논쟁이 시사하는 바는 무척 풍부하지만 핵심은 이것이다. '트위터가 세상을 바꾼다'는 식의 열광이나, '트위터가 세상을 바꾸지 못한다'는 냉소 모두 소모적이고 비효율적인 문제 제기 방식이라는 것이다. 월스트리트 점령 시위대나 이집트의 시위대가 트위터를 활용해 소통하고 전 세계에 자신들의 상황을 전파하는 행위는 그 자체로 세계 자본주의를 끝장내거나 이집트 민주화를 완성시키지 못했지만, 그런 행위가 존재하지 않았을 때에 비해 세계는 확실히 '더 연결되었다.' 그 연결이 보다 직접적인 투쟁의 계기가 될 수도 있고 그저 해프닝으로 마무리될 수도 있다. 어쨌든 딱 그 가능성만큼 세상은 변화한 것이다.

소셜 미디어, 표준 시민의 놀이 공간이자 투쟁 수단

소셜 미디어 이용자의 평균적 모습을 그려본다면 어떤 사람일까? 여러 조사들이 공통적으로 보여주는 모습을 종합하면, 대강의 모습을 짐작할 수 있다. '수도권에 거주하는 2040세대'다. 그들의 이념을 조사해본다면 아마도 사회 평균보다는 왼쪽이 될 것이다. 어쨌든 세대가 젊을수록 이념 좌표는 나이 든 세대보다 왼쪽으로 치우치기 때문이다. 다만 이 '젊은 세대의 진보적 이념 성향'을 절대화시키는 건 위험하다. 한국 사회에서 세대의 이념 성향은 선거 때마다, 특정 계기마다 큰 진폭을 갖고 좌우로 출렁여왔기 때문에, 이념 성향의 일관성 내지 개연성 있는 변화 추이 등을 세대로부터 추출해내는 작업은 실패하기 쉽다. 단지 나이 든 세대보다 상대적으로 진보적이라는 것 정도만 유의미한 사실로 받아들이면 된다.

   이념 성향보다 중요한 부분은 미디어 리터러시^{media literacy}다. 여기엔 소셜 미디어와 같은 뉴미디어에 대한 리터러시도 포함된다. 리터러시는 문해력^{文解力}, 즉 '문자를 읽고 이해하는 능력'

을 가리킨다. 미디어 리터러시는 "매체를 이해할 뿐만 아니라 매체를 통해 자신을 표현할 수 있는 능력"이다. 단순한 '기술 skill'만을 뜻하는 것은 아니다. 이것은 한마디로 '매체 활용 능력이면서 동시에 매체에 대한 감수성'이다.

사상 처음으로 수십만의 시민이 광장에서 두 소녀를 추모하기 위해 촛불을 든 2002년, 당시 거리로 뛰쳐나온 10대, 20대, 30대들이 인터넷 시대의 주역이자 이른바 노풍, '노무현 신드롬'의 중심에 선 세대였다. 그들이 지금의 2040세대가 됐다. 이들 세대에 공통적인 이념적 기반 같은 건 거의 없다고 해도 과언이 아니다. 더구나 이들 세대 사이에 존재하는 문화적 이질감은 엄청나다. 이들의 거의 유일한 공통 기반이 있다. 바로 미디어 리터러시이다. 2002년의 촛불, 2004년의 촛불, 2008년의 촛불에서 공히 드러난 특징이다. 트위터와 같은 소셜 미디어는 최근 들어서야 유행하게 된 매체지만, 소셜 미디어가 등장하기 이전부터도 그들은 당시 가장 첨단에 있는 미디어를 활용해 사회적 변화를 주도했다. 개별적으로 존재하지만 네트워크로 연결된 그들은 능수능란하게 미디어를 활용하는 차원을 넘어 스스로 미디어가 되었다. 실은 그것이야말로 '집단 지성'이란 모호한 찬사로 은폐된 '히드라'의 정체다. 그 히드라는 무한하게 돋아나는 머리들을 가졌다는 점에서 전율스러운 존재지만, 그 무엇도 진짜 머리가 아니라는 점에서 또한 순식간에 혼돈에 빠지고 갈기갈기 찢어져버릴 수도 있는 나약한 존재다.

'미디어 리터러시한 수도권의 2040세대'는 오늘날 소셜 미디어의 주인공들이다. 이들이 트위터와 페이스북 등의 여론을 주도하는 사람들이다. 또한 그들이 바로 '표준 시민The Standard Citizen'*의 중핵을 이루는 집단이기도 하다. 표준 시민은 촛불시위를 주도한 수도권 교양시민Bildungsbürgertum 계급이다. 반드시 수도권에 거주해야 표준 시민이라는 것은 아니다. 주된 거주 지역이 수도권이라는 의미다. 그들은 계급적으로는 전통적 의미의 노동계급보다는 중간계급에 훨씬 가까운 집단에 속한다. 몰락한 중산층이거나 실제로 소득이 중산층에 못 미치더라도 '마음만은 중산층'인 사람들, 다시 말해 중간계급의식을 가진 이들도 다수 포함된다. 이들의 의제는 그래서 좌파적이라기보다는 자유주의적이다. 때로 계급적 이슈에 민감하게 반응하지만 결정적 국면에서 냉담한 모습을 보이며 대오를 이탈하기도 한다. 지난 10년의 큰 싸움은 대개 좌우파 이념이 아니라 상식 대 몰상식의 구도에 근거한 적대였다. 표준 시민은 그런 싸움에서 조직되지 않은 조직, 일종의 우발적 전위 집단contingent avant-garde group으로 출현했다. 자본과의 전면적 투쟁, 진보 정당

---

* 박권일, 「강남 좌파가 아니라 표준 시민이다」, 『시사IN』 207호, 2011년 9월.

에 대한 직접적인 지지보다는 한나라당은 안 된다는 소위 '비판적 지지'의 형태, 진보에 대한 최소주의적 관점이 특징이다. 착취자이면서 동시에 착취당하는 자인, 중간계급 특유의 "모순적 위치"*가 이들의 의제 형성과 투쟁 방식에 영향을 끼쳤으리라 짐작할 수 있다.

트위터 등 소셜 미디어는 기존의 제도 언론이나 포털 사이트 등에서 얻기 힘든 정보를 엄청나게 빠른 속도로 유통시키고 확대재생산할 수 있는 도구였기 때문에 사회 참여 성향이 강한 표준 시민들에게는 최적의 무기, 투쟁 수단이라고 할 수 있었다. 그러나 소셜 미디어가 강력한 무기가 될 수 있는 이유는 그것이 단지 사회 참여의 수단이 아니라 일종의 놀이 공간이자 장난감이기 때문이다. 사람들은 느슨한 사회적 관계망 속에서 노니는 방법을 차츰 터득해갔다. 그것은 기존의 오프라인 인맥이나 온라인 동호회 등의 소셜 네트워크와는 또 다른 즐거움을 준다. 이런 특징들은 점점 사회적 투쟁이나 시위가 엔터테인먼트화하는 경향과 무관하지 않을 것이다.

2010년 지방선거 무렵부터 소셜 미디어는 한국의 현실정치에 무시할 수 없는 영향력을 발휘하기 시작했는데, 선거 결과에 따라 '소셜 미디어가 세상을 바꾼다'거나 '소셜 미디어는

---

* 에릭 올린 라이트, 『계급론』, 이한 옮김, 한울아카데미, 132쪽.

세상을 바꾸지 못한다'는 식의 이분법으로 흘러가기 일쑤였다. 소셜 미디어를 주도하는 주체들의 지역적·세대적 편향을 고려하지 않고 뭉뚱그려 소셜 미디어를 일방적으로 평가절하하거나 무작정 찬양하는 식의 접근은, 속은 시원할지 모르겠지만 별로 생산적으로 보이지 않는다. 세상 대부분의 일이 흑백논리로 보기 어려운 측면이 있고, 그것은 소셜 미디어라는 이슈에서도 마찬가지다.

예를 들어 2011년 19대 총선이 야권의 '사실상 패배'로 끝난 일은 양가적 의미를 가지는 사건이다. 소셜 미디어의 여론만 본다면 새누리당의 참패여야 마땅했지만, 그런 일은 벌어지지 않았다. 수도권과 전라도에서 야권의 압승, 나머지 지역에서의 참패라는 성적표는 결국 소셜 미디어라는 무기가 '국지적'으로 힘을 발휘한다는 걸 시사한다. 그러나 또 한편으로 제한적으로 발휘된 그 힘이 무시할 수 없는 것이라는 점도 동시에 지적되어야 한다. 그 수도권의 선전조차 없었다면 야권은 아예 소멸에 가까운 타격을 입었을 게 분명하기 때문이다.

정치적 주체라는 프리즘을 가져온다면, 사실 이 결과는 소셜 미디어의 한계(혹은 영향력)이라기보다는 표준 시민의 한계(혹은 영향력)라는 해석도 가능하다. 소셜 미디어는 불과 2~3년 전 대중화되기 시작한 매체지만, 표준 시민이라는 정치적 주체는 하루아침에 나타난 게 아니라 사회적 배경을 가지고 비교적 오랜 시간을 거쳐 가시화한 사회현상이다. 소셜 미디어의 등장 이전에도 표준 시민들은 그 당시의 미디어를 활용해 일종의 '소셜 네트워크'를 형성했고 적극적이고 열정적으로 사회 참여를 실천해왔다. 한국 사회에서 소셜 미디어는 결국 표준 시민이란 정치적 주체의 놀이 공간-투쟁 수단으로서 당대적 의미를 획득하게 되었던 셈이다. 소셜 미디어는 사회 변화의 '원인'이 아니라 '자원'이다. 이 점을 명확히 이해하는 게 중요하다. 그것이 어떻게 사회 변화를 이끌어낼지는 순전히 그 자원을 주도적으로 점유한 주체의 역량과 결집의 정치적 계기에 달려 있다.

—『자음과모음R』 9호, 2012년 여름

농담하는 자, 잡혀간다

구속된 박정근 씨가 트위터에 날린 문장은 북한 체제에 대한 조롱과 농담이었다. 박 씨는 자신의 반북 성향을 입증하기보다 헌법적 권리를 주장하고 있다. 이것이 품격이다.

시대와 호흡해온 삼촌 팬이라 자부해왔기에 더욱 기가 막힌다. 소녀시대도, 아이유도 아닌 시커먼 사내의 이름을 트위터에서 매일 한 번씩 연호하고 있어서다. 지난 1월 11일 이후 하루도 빼먹지 않았다. 사내의 이름은 박정근이다. 사실 나는 박정근이 누군지 잘 모른다. 일면식도 없다. 올해 스물다섯 살인 그는, 서울에서 아버지의 사진관을 물려받아 운영하는 사진가라고 한다. 박정근 씨는 1월 11일 구속되었다. 수원 지방검찰청 공안부 검사 문현철과 부장검사 김영규에 따르면, 박 씨의 혐의는 국가보안법 7조 위반이다. 검찰이 주장하는 '범죄 사실의 요지'를 보자.

피의자는 2010년 3월 21일. 트위터에 'seouldecadence'라는 아이디로 계정을 개설하여 북한 조평통에서 체제 선전·선동을 위하여 운영하는 우리민족끼리 사이트, 트위터, 유튜브 등에 접속, 이적 표현물 384건을 취득·반포하고, 북한 주의·주장에 동조하는 글 200건을 작성 팔로워들에게 반포하였으며, 학습을 위하여 이적 표현물인 북한 원전 『사회주의문화건설리론』을 취득 보관함.

1월 20일 구속적부심사까지 기각되면서 박정근 씨는 결국 설날을 구치소에서 보냈다. 과연 그가 이렇게 고초를 겪어야 할 만큼 큰 죄를 범한 걸까. 박 씨는 국가보안법의 취지대로 "국가 존립을 위태롭게" 하거나 "그럴 의도를 주관적으로 갖고 있었"을까. 그가 트위터에서 날린 문장들이 북한을 추종하는 마음의 표현이었을까. 이 사건을 보도한 대다수 언론, 심지어 『뉴욕 타임스』, 『알자지라』 같은 해외 언론까지 입을 모아 지적하고 있는 것은 박 씨의 발언들이 북한 체제에 대한 철저한 조롱이고 농담이라는 점이다. 이건 그저 그가 쓴 트위터 글 몇 개를 읽어보기만 해도 누구나 알 수 있는 사실이다. 게다가 그는 사회당의 당원이다. 사회당이 어떤 당인가. 남한 좌파 중 가장 북한 체제에 비판적일 뿐 아니라 진보 진영 내 이른바 '종북 세력'에 대해서도 일관되고 치열하게 비판해온 세력이다.

하지만 박정근 씨는 이런 사정을 애써 설명하지 않았다. 1월 16일 수원 남부경찰서 유치장에서 쓴 '이명박 대통령 각하께 보내는 공개 서한'이라는 제목의 글에서 그는 이렇게 말한다. "체제 찬양으로 보이는 글들은 대부분 농담이었으나 저는 이 편지에서 농담을 일일이 설명하진 않을 것입니다. 농담을 변명하는 건 농담에 대한 예의가 아닐뿐더러 그렇게 하면 농담이 더 이상 농담이 아니게 되니까요."

국가보안법과 시민의 저 아득한 수준 차이

두 문장의 짧은 글이지만, 의미는 크다. 국가보안법 혐의로 수사받으며 정신병 치료를 받을 정도로 괴로워하면서도 박 씨는 표현의 자유, 양심의 자유를 슬쩍 굽혀 체제의 자비를 구하지 않았다. 그는 자신의 반북 성향을 국가에 맹세함으로써 면죄부를 받기보다, 시민의 한 사람으로서 당연히 보장받아야 할 헌법적 권리를 온 힘을 쥐어짜 주장하고 있었다. 누구나 떠들어대는 '국격', 다시 말해 '나라의 품격'이란 바로 이런 것이다. 국격은 삼성의 휴대전화 판매량 따위의 알량한 숫자들로는 결코 증명될 수 없다. 국격이란 시민 한 사람 한 사람이 재산·지위·재능과 상관없이 공동체가 추구하는 정의—그것은 대개 헌법에 표현되어 있다—를 몸으로 실천할 때 비로소 증명되고 인준되는 가치다.

　박 씨가 가장 고귀한 방식으로 시민정신의 정수를 보여준 반면, 국가보안법은 가장 저열한 방식으로 자신의 몰이성과 야만성을 세계에 노출했다. 이 격차는 아득할 정도다. 21세기도 벌써 10년이 지났다. 국가보안법 폐기해도 간첩죄로 간첩 잡을 수 있고, 내란죄로 내란 음모 처벌을 할 수 있다는 사실을 이제 대다수 시민은 잘 안다. 생사람 잡지 말고 사라져다오, 국가보안법.

—『시사IN』 229호, 2012년 2월

잡감 셋

낯선/
날 선 일상들

사이코패스의 야무진 꿈

착한 원인을 굳이 정신질환에서 찾는 미국 드라마, '나쁜 놈'을 사이코패스라 규정하면서도 '나는 정상인'이라 믿는 한국 사회. 공동체 목표를 상실하고 윤리·평등 같은 가치를 냉소하는 '실용주의'가 다다른.

미국 텔레비전 드라마 〈프리즌 브레이크〉의 주인공 마이클 스코필드(웬트워스 밀러 분)는 샤프한 외모에 더해 뇌쇄적 음성과 천재적 지성, 천사적 감성까지 갖춘 '완벽남'이다. 그는 억울하게 감옥에 갇힌 형을 구하기 위해 스스로 감옥에 들어가 공전절후의 탈옥극을 벌인다. 정교한 설정과 숨 막히는 스토리 전개에 한국의 '미드 폐인'은 열광 또 열광했다. 스코필드는 어느새 '석호필'이라는 한국식 이름으로 불린다.

당시 백수였던 내가 이 드라마를 그냥 지나쳤을 리 없다. 한 회라도 빠뜨릴세라 열심히 봤다. 그런데 시즌 1의 중반 즈음에 이르자 충격적인 사실이 밝혀진다. 잘생기고 똑똑한 데다 착하기까지 한 석호필이, 실은 '정신병자'라는 거다! 석호필의 주치의였던 정신과 의사는 그가 '잠재억압부족LLI: Low Latent Inhibition'이라는 희귀 질병을 앓는다고 말한다. 이 증상이 있는 사람은 어떤 사물을 볼 때 그 겉모습뿐 아니라 내부 구조와 구성 요소까지 직관으로 파악해버린다. 보통 사람이라면 지나치게 세세한 정보는 미리 차단하기 때문에 별탈이 없지만, 잠재억압부족 증상이 있는 사람은 홍수처럼 밀려드는 정보 때문에 결국 미쳐 날뛰게 된다.

정신과 의사는 덧붙였다. "하지만 석호필처럼 아이큐가 높으면 그런 정보를 모두 처리할 수 있기 때문에 엄청난 천재가 된다." 에이, 이런 말도 안 되는 설정이 어딨어, 라며 코웃음을 치다가 혹시나 싶어 잠재억압부족에 대해 인터넷 검색을 해봤더니, 놀랍게도 관련 논문이 실제로 존재했다.(2003년 하버드 대학과 토론토 대학 연구자의 논문 "Decreased Latent Inhibition Is Associated with Increased Creative Achievement in High-Functioning Individuals")

석호필은 드라마 속에서 타인의 고통을 결코 외면하지 못하는데, 곤경에 처한 사람의 아주 작은 신호조차 예민하게 감지하기 때문이다. 요컨대 석호필이 착한 건, 본인의 의지에 의해서가 아니라 착하도록 프로그래밍된 인간이라서다. 이처럼 잠재억압부족이 미국 드라마 속에서 '착한 놈'의 생물학적 증거로 그려진 반면, 요즘 한국 사회에서 자주 입에 오르내리는 사이코패스 체크리스트^{PCL: Psychopathy Check List}는 '나쁜 놈'이 될 가능성을 진단해주는 것처럼 보인다.

선악의 근거를 생물학에서 찾는 까닭

진화심리학자 린다 밀리 박사에 따르면, 사이코패스는 "경쟁적 환경에서 타인의 이타심을 악용해 자기 욕구만 채우는 이기적 인간"이다. 그래서 사이코패스는 타인의 고통에 그토록 무심할 수 있다. 연쇄 살인 같은 범죄를 저지르는 건 사이코패스 중 극히 일부인데, 그들에게 가장 절실한 욕구는 금전이 아니라 살인 또는 강간이다. 이외에 대다수 사이코패스는 '멀쩡한' 사람이며, 경제학자들이 사랑하는 '합리적 인간'이다. 그런데도 우리는 종종 사이코패스를 미지의 괴물로 생각한다. 정작 우리를 사이코패스로 만드는 환경에는 의문조차 제기하지 않으면서.

'착한 놈'이 착한 원인을 굳이 정신질환에서 찾아야 하는 미국 드라마, 그리고 '나쁜 놈'을 사이코패스로 규정하면서도 '나는 정상인'이라 굳게 믿는 한국 사회. 공통점이 있다. 선악의 근거를 개인의 생물학적 결함에서 찾는다는 점이다. 이는 공동체의 목표를 상실한 사회의 특징이자 '윤리' '평등' 같은 가치 지향적 단어를 순진하다며 냉소하는 '실용주의'가 다

다른 기묘한 종착지다. 남는 것은 승자독식의 '배틀 로열'뿐이다. 그럼에도 우리 잠재적 사이코패스의 꿈은 야무지다. '나 말고, 당신만은 석호필이길.'

— 『시사IN』 32호, 2008년 4월

끔찍하다, 그 솔직함

"솔까말, 돈밖에 없지, 안 그래?" 한국판 자본주의 정신이 인간을 동물로 만들고, 그 동물은 곳곳에서 욕망을 뻔뻔하게 드러내며 냉소주의자 흉내를 낸다.

'솔까말'이라는 은어가 있다. '솔직히 까놓고 말해서'의 준말이다. 용례는 다음과 같다. "솔까말, 원하는 건 사랑이 아니라 섹스 아니니?" "솔까말, 지잡대(지방에 있는 대학교를 비하하는 속어)와 SKY는 하늘과 땅 차이지." 이때 한껏 냉소적인 표정을 짓는 게 포인트다.

솔직함은 분명 미덕이다. 거짓과 위선을 폭로하는 통쾌함을 안겨준다. 입으로는 미사여구를 늘어놓으면서도 속으로 딴생각하는 위인이 얼마나 많은가. 텔레비전 버라이어티 쇼에서는 예전에 엄두도 못 낼 수위의 '솔직한' 대화가 오간다. 권위주의 시대에 비하면, 지난 10년간 우리는 분명히 솔직해졌다.

일본 사람의 특성을 묘사할 때 흔히 '혼네'와 '다테마에'라는 표현을 쓴다. 혼네本音는 속마음, 다테마에建前는 표정이다. 본심은 따로 있지만, 겉으로 드러나는 모습은 다르다는 의미다. 한국 사람은 이를 두고 "겉 다르고 속 다른 일본"이라며 그들의 속물성을 비난한다.

그런데 따지고 보면 예의와 체면 따지기 좋아하는 중국과 한국도 크게 다르지 않다. 서구 사회 역시 정도의 차이만 있을 뿐 본질적으로 유사한 면이 있다. 이건 동물과 구별되는 인간의 고유한 속성이다. 인간은 욕구하는 존재가 아니라 어디까지나 '욕망하는 존재'이기 때문이다.

동물은 타자他者가 있든 없든 먹고, 싸고, 잔다. 다시 말해서 욕구는 타자를 필요로 하지 않는다. 그러나 욕망은 타자의 존재가 필수다. 나의 욕망은 언제나 타인이라는 거울에 비친 욕망이며, 그 거울이 깨지는 순간 나는 그저 한 마리 동물이 된다. 다테마에는 단순히 혼네를 감추는 가면이 아니라 타자를 적극 의식해서 욕망이 온전히 욕망일 수 있게 하는 일종의 안전핀이다. 그럼으로써 인간은 동물이 되지 않을 수 있다.

그런데 지금 우리가 점점 '솔직'해지는 건, 이제 더 이상 혼네를 감출 필요가 없기 때문이다. 우리의 솔직함은 자기 노골성을 뻔뻔하게 드러내는 상투적 형식이 됐다. 혼네가 다테마에의 자리를 강탈한 것이다. 서점에 넘쳐나는 '실용처세서'를 보라. 온통 '솔까말'이다. "가난한 아빠라니, 솔직히 쪽팔리지 않아? 부자 아빠가 되라고!" "30대에 모은 돈이 고작 5000만 원? 까놓고 말해 당신, '루저'야!" 이 모든 솔까말 뒤에 생략된 말은 "돈밖에 없지, 안 그래?"다. 그렇게 '동물'들은 냉소주의자 흉내를 낸다.

인간을 인간이게 하는 안전핀 사라져
7월 5일 한 일간지에 여고생이 투신자살했다는 소식이 실렸다. 그녀의 부모는 청와대와 교육청에 진정을 냈다. 진정서에 따르면 "담임교사가 기초생활수급자를 조사한다며 해당 학생을 교실에서 일어나라고 했고 딸이 가만히 있자 공개적으로 명단을 불러 모욕감을 줬다"고 한다.

기사가 인용한 익명의 제보자에 따르면 그 교사는 평소에도 그런 행동을 많이 했던 사람이었고 죽은 소녀는 가정 형편이 어려운 탓에 학교생활 내내 유·무형의 멸시에 시달렸다. 1급 지체장애인인 아버지는 어머니와 함께 노점상을 하며 어렵게 생계를 꾸려오고 있었다.

진정서의 내용이 사실이라면 담임교사는 비난받아 마땅하다. 그러나 과연 교사 개인의 소양 탓으로만 돌릴 일일까. 그렇지 않다. "한 시간 더 공부하면 마누라 얼굴이 바뀐다"라는 급

훈을 '명언' 취급하는 한국 사회야말로, 지금 이 시각 건물 옥상에 선 어느 가난한 소녀의 등을 떠밀고 있기 때문이다. 끔찍하다, '한국판 자본주의 정신'의 저 투명한 솔직함이.

―『시사IN』 45호, 2008년 7월

'숟가락 마이크'로 치유의 인터뷰를

가족이란, 정말 말하지 않아도 모든 걸 아는 사이일까? 그저 가족이라는 핑계로 아무렇지도 않게 상처를 주고, 한 인간으로서 서로에게 무관심했던 것은 아닐까. 지금 당장 마이크와 디지털 카메라를 준비하자.

요즘 가장 즐겨 보는 텔레비전 프로그램은 〈인터뷰 게임〉이다. 이 프로그램의 인터뷰는 평범한 사람에게 마이크를 건네주고 그들의 주변 사람을 인터뷰하게 만든다. 어색한 멘트와 어정쩡한 자세가 절로 웃음을 자아내지만, 그들은 누구보다 진지하다. 남들이 보기에 참으로 시시콜콜한 개인적 사건이 인터뷰의 주제다.

내가 이 프로그램을 처음 봤을 때 등장한 사람은 "아내가 자기도 모르게 큰 빚을 졌는데 그에 대해 속 시원히 답해주지 않아서 이혼을 신청했다"는 아저씨였다. 아내는 집안 정리를 말끔히 한 다음 집을 나갔다. 아무래도 납득이 가지 않았던 남편은 아내를 잘 아는 주변 인물을 인터뷰하기 시작한다. 먼저 자기 친누나를 찾아갔다. 하지만 아내를 극구 두둔하는 누나. 괜히 자기만 욕을 먹고 본전도 못 찾는다. 주변 사람을 하나하나 인터뷰하는 동안 '사건의 전모'가 서서히 드러난다. 빚을 지게 된 이유는 자녀 교육비였다. 의심이 유달리 많았던 남편은 교육비로 돈이 필요하다는 아내의 말을 전혀 믿지 않았다. 설득하다 지친 아내는 오랜 기간 남편 몰래 돈을 융통해왔고 어느새 빚이 눈덩이처럼 불어났다. 뒤늦게 잘못을 깨달은 남편이 아내를 어렵게 만나 재결합을 요청하지만, 아내는 눈물을 흘리며 거절한다.

프로그램이 회를 더하면서 너무 자극적인 소재만 등장한다는 비판이 많았다. 그러나 〈인터뷰 게임〉의 핵심은 소재가 아니라 형식에 있다. 다른 사람의 입을 통해 자기라는 존재의 퍼즐을 맞추는 그 형식이, 새로운 감동과 재미를 낳는다. 한마디로 '나의 재발견'이다.

대개 사람들은 스스로에 대해 잘 안다고 생각하지만, 실제로는 그렇지 못한 경우가 대부분이다. 인간은 본래 '합리화하는 동물'이며, 그 에너지의 99%는 바로 자기를 향한 것이다. 그렇다면 '객관적인 나의 모습'은 어디 있는가. 바로 타인에게 있다. 나를 가장 잘 아는 사람은 결국 내 주변 사람이다. MT나야유회에서 흔히 하는 '롤링 페이퍼 놀이'가 여전히 인기 있는 데는 다 이유가 있다. 다른 사람이 나를 묘사한 몇 마디 말이 의외로 '발견의 쾌감'을 안겨주기 때문이다.

〈인터뷰 게임〉, 나를 재발견하는 재미

인터뷰는 인터랙티브, 즉 쌍방향이라서 그때그때 자기가 개입할 수 있다. 게다가 인터뷰는 본래 저널리즘에서 탄생한 것인 만큼 '공식성'을 띤다. 의외로 사람들은 공식 석상에서 깜짝 놀랄 정도로 정직한 반면 일상생활에서는 그저 습관적 반응만 보이기 쉽다. 마이크와 녹음기를 들이대면 대부분은 손사래를 치다가도 계속 부탁하면 특별한 이유가 없는 한 인터뷰에 응해준다. 그리고 진지하게 이야기한다. 파란 것을 파르스름하다 정도로 말할지언정 빨갛다고 하지는 않는다. 물론 이건 우리 주변의 '보통 사람들' 얘기다. 정치인처럼 고도로 단련된 인간은 인터뷰에서 눈 하나 꿈쩍하지 않고 새빨간 거짓말을 쏟아낸다.

〈인터뷰 게임〉을 멍하니 보다가 문득 이런 생각이 들었다. 내가 나의 가족과 저렇게 이야기해본 게 언제더라? 가족이란, 정말 말하지 않아도 모든 걸 아는 사이일까? 그럴 리 없다. 그저 가족이라는 핑계로 아무렇지도 않게 상처를 주고, 한 인간으로서 서로에게 무관심했을 뿐이다. 그러니 지금 당장 마이크와 디지털 카메라를 준비하자. '숟가락 마이크'도 좋다. 텔레비전에 나올 리 없으니 부담도 없다. 나는 지금 한 가지 놀이를 제안한다. 치유로서의 인터뷰를.

―『시사IN』 49호, 2008년 8월

애도를 시작하기 위하여: 노 전 대통령 서거에 부쳐

> 민주주의가 단지 '독재자의 자리에 선량한 호민관을 앉히는 것'이 아니라는 사실을, 민주주의는 언제나 그 이상의 것이라는 사실을 시리도록 깨달으며 노무현을 떠나보내야 한다.

어떤 진보 인사가 "우리들 중에 노빠 아니었던 사람이 있는가"라고 말했다. 아마 맞는 말일 게다. 그런데 돌이켜 생각해보면 나는 노빠였던 적이 없다. 그럴 수가 없는 것이, 내가 첫 직장에서 처음 쓴 기사가 고 배달호 씨의 죽음에 대한 것이었고, 그 후로도 노무현 시대의 많은 죽음을 현장에서 기록해왔기 때문이다. 아주 가끔 높은 곳에 올라가서 아래를 내려다보는 꿈을 꾸곤 한다. 폐소공포와 고소공포가 동시에, 온몸의 땀구멍을 열어젖히며 노도처럼 밀려들어온다. 그곳은 낯익은 공간이다. 한진중공업의 노동자 김주익 씨가 절망과 고독에 지쳐 목을 맨 바로 그 크레인. 부산에 취재하러 갔을 때, 실제로 그곳에 올라가서 사시나무처럼 떨었던 적이 있다. 나는 평생 잊지 못한다. 저녁놀에 핏빛으로 물든 그 작고 높은 밀실을.

한마디로 나에게 노무현은 그 시대의 죽음들과 떼어놓을 수 없는 존재다. 어떤 좌파들은 20년 전의 '진보' 노무현을 애도하자고 말하지만, 나는 그 말을 도무지 이해할 수 없다. 대체 20년 전의 노무현만을 애도하는 것이 가능한가. 그럼 20년 후의 노무현은 애도의 대상이 아닌가. 관념적인 이야기일 뿐이다. 그것은 또 다른 박제화다. 이런 식의 관점은 "더 이상 노무현만큼 훌륭한 대통령은 나올 수 없다"고 말하며 노무현을 우리가 가질 수 있는 최대치로 한계짓는 사람들과 동일한 전제를 공유하고 있다. "우리를 대신해줄 훌륭한 지도자 없이는, 우린 안 될 거야 아마."

그러므로 나는 애도한다. 노무현을 통해서만 세계를 인식하던 우리를, 그리고 나 자신을. 우리는 스스로를 애도함으로써 노무현을 떠나보내야 한다. 민주주의가 단지 '독재자의 자리에 선량한 호민관을 앉히는 것'이 아니라는 사실을, 민주주의는 언제나 그 이상의 것이라는 사실을 시리도록 깨달으며 노무현을 떠나보내야 한다. 그를 '순교자'로 혹은 '최선의 대통령'으로 규정하는 짓은 그래서 값싼 감상주의며 패배주의다. 결국 우리 중 누구도 노무현의 과오를 넘어설 수 없다는 의미이기 때문이다. 그것을 넘어가려는 순간 우리는 죽어야 하기 때문이다. 그것은 고인을 존중하는 것이기는커녕 욕보이는 짓이다.

    애도는 오늘의 영결식 이후에 시작되어야 한다. 충격과 오열과 분노와 탈진이 신화로 귀결되는 그런 애도가 아닌 글자 그대로의 애도, 애도의 주체와 애도의 대상을 아프게 분리하는 의례 말이다. 그 애도의 완결은 이명박보다 좀 나은 대통령을 뽑는 것 따위로 달성될 수 없다. 한 명의 대통령이 아니라 우리가 우리 스스로의 정의를 증명할 때, 비로소 애도는 완결될 것이다. 아마, 생각보다 오랜 세월이 걸릴지 모르겠다. 노무현 대통령, 잘 가시라. 당신을 끝내 사랑할 수는 없었다. 하지만 당신이 넘어설 수 없었던 벽을 우리가 부술 것이다. '순교자의 사도'로서가 아니라 우리 스스로의 필요와 의지로. 그리하여 정말로 우리의 애도가 끝나는 날, 웃으며 당신께 편지 한 장 쓰리라.

— 〈박권일 블로그 xenga.tistory.com〉, 2009년 5월

옆집 아줌마에게 신자유주의 설명하기

이념과 성향이 다른 이에게 신자유주의·지구온난화·MB 세 가지로 우리가 처한 사회적 문제를 설명하는 것은 "날씨가 참 좋네요" 하는 것보다 무의미하다.

카페 구석진 소파에 앉아 '멍 때리다' 보면, 사람들이 무섭게 똑똑해졌다는 생각을 하게 된다. 옆 테이블의 대화를 들어봐도, 그 옆 테이블의 대화를 들어봐도 그렇다. 다들 외국어도 곧잘 하고 상식과 문화 소양도 풍부하다. 셔츠에 김칫국물을 묻힌 어떤 아저씨가 며칠 전 폴 크루그먼의 블로그에 올라온 농담을 인용하며 MB 정부를 슬쩍 비꼴 때, 특히 그런 생각이 든다.

젊은 세대는 말할 나위도 없다. 체 게바라에서부터 5세대 아이팟 나노에 이르기까지, 그야말로 모르는 게 없다. 오죽하면 소설에 이런 대목이 등장할까. "우리는 단군 이래 가장 많이 공부하고, 제일 똑똑하고, 외국어에도 능통하고, 첨단 전자 제품도 레고 블록 만지듯 다루는 세대야."(김영하, 『퀴즈쇼』)

그뿐 아니라 사람들은 이제 더 윤리적이기까지 한 것처럼 보인다. 스타벅스 같은 다국적 커피 체인에서 커피를 마시기보다 공정무역 커피를 마시는 '착한 소비자들'이 우후죽순 늘어나고 있다고, 뉴스는 잊을 만하면 한 번씩 떠들어댄다. 그뿐인가. 이제는 기업이 돈만 벌겠다고 덤벼서는 망하기 딱 좋다. 사회적 책임을 다하는 착한 기업만이 생존할 수 있는 시대가 왔다고, 요즘 잘나간다는 경영학자들은 입을 모은다.

더욱 놀라운 점은, 지난 10여 년 동안 불안정 노동을 폭발적으로 양산하고 비정규 노동자를 폭력 진압하고 한미 FTA를 밀어붙였던 정권에게 별다른 이의를 제기하지 않았거나, 심지어 그 정권을 옹호했던 사람들조차 정권이 바뀌자마자 "우리가 겪는 고통의 원흉은 바로 신자유주의와 MB 정권"이라고 핏대 세워 호소하기 시작했다는 점이다.

아무리 생각해도 이상하다. 빵빵한 지식과 윤리 의식까지 갖춘 시민이 이렇게나 늘어났는데 어째서 세상이 이 모양일까. 어째서 촛불은 꺼지고 MB의 지지율은 고공비행을 계속하는 걸까. 뉴스 보다 열불이 터지는 건 MB 때문이며, 경제 위기의 근본적 원인이 신자유주의라는 사실은 요즘의 기묘한 날씨가 다 지구온난화 때문인 것만큼이나 명백한 일인데 말이다. MB를 지지하는 이들은 이 간단한 상식을 정말 모른단 말인가!

선명성이 아니라 구체성이 필요하다

생각해보면 신자유주의·지구온난화·MB, 이렇게 세 가지만 있으면 우리가 처한 사회적 문제들이 거의 설명된다. 참 선명하고 편리하다. 하지만 그 설명은 사실 아무것도 설명하지 못한다. 너무 추상 수준이 높아서 정보값이 없기 때문이다. 특히 이념과 성향이 다른 사람에게 그런 식의 설명은 "날씨가 참 좋네요"보다도 무의미한 말이다. 더구나 신자유주의에 대해, 지구온난화에 대해, 그리고 MB에 대해 우리가 자명하다고 생각했던 많은 정보 중에서 엄밀히 검증된 것은 놀라울 정도로 적다. 사회의 모순을 한 가지 원인으로 환원시켜 설명하는 태도는 과학적이지도 않거니와 대개 문제를 해결하는 데 도움을 주지도 못한다. 그런 태도는 초월적 지성을 가진 집단이나 개인이 우리를 지배하고 있다는 식의 음모론으로 귀결되거나, 신자유주의가 사라지면 또는 MB만 없으면 좋은 세상이 올 것이라는, 물구나무선 미륵신앙이 될 가능성이 높다.

우리에게 시급한 건 현란한 개념이나 최신 정보의 습득 따위가 아니다. 이를테면 과연 우리가 옆집 아주머니에게 신자유주의라는 단어를 발설하지 않고 신자유주의를 설명할 수 있는가다.

―『시사IN』 110호, 2009년 10월

자기소개서에 담긴 삶

자기소개서 쓰기가 괴로운 것은 늘 자신에 대한 자부심이 아니라 조바심을, 성찰이 아니라 상찬을, 사유가 아니라 소외를 끊임없이 요구하기 때문이다.

세상에는 여러 형태의 글이 존재하지만 그중에서도 독보적으로 쓰기 까다로운 놈이 하나 있다. 바로 자기소개서다. 또래들과 마찬가지로 나 역시 취직을 위해 자기소개서를 쓴 적이 많은데 그때마다 진땀을 뺐다. 문제는 그렇게 힘들여 썼는데도 초등학생의 작문만도 못한 글이 되기 일쑤였다는 점이다. "나는 19××년 부산에서 단란한 가정의 장남으로 태어나……" 운운하는 전형적인 서류전형 탈락자의 자기소개서에서부터 자기소개서의 아방가르드라 할 만큼 파격적인 형식 실험에 이르기까지, 그야말로 다양한 버전의 자기소개서를 써봤지만 내용은 대동소이 허접스러웠다.

　코흘리개 시절부터 동네 백일장을 휩쓸며 어디 가서 글 못 쓴다는 소리를 들은 적이 없던 나로서는 참기 힘든 굴욕이었다. 왜 그럴까 머리를 쥐어뜯으며 괴로워하다가 떠오른 이유는 "내 인생이 서사화하기엔 지나치게 굴곡 없이 평탄하다"라는 것이었다. 생각해보니 그랬다. 한마디로 내 인생에는 손에 땀을 쥐게 할 정도의 아슬아슬한, 절체절명의 고비나 갈등 따위가 눈을 씻고 봐도 없다. 너무 따분해서 하품이 나오는 인생이다. 잘 먹이고 잘 입히며 고생 없이 키워주신 부모님이 갑자기 원망스러워지는 순간이었다.

　그런데 몇 해 뒤 우연히 어떤 주제에 대해 자전적인 에세이를 한 편 쓰게 됐을 때, 진짜 이유는 그게 아니었다는 사실을 깨달았다. 자기소개서와 달리 그럭저럭 읽을 만한 물건이 나왔던 것이다. 그렇다면 나의 자기소개서가 늘 그 모양 그 꼴인 데에는 뭔가 다른 이유가 있는 것이다.

　그것은 자기소개서라는 독특한 형식 때문이다. 좀 더 구체적으로 말해 '오직 취업을 목적으로 타인에게 자신의 과거를 전시하는 글'이기 때문이다. 여기에는 어떠한 여백이나 외부가 없다. 그 어떤 공감도 신비도 없다. 발가벗겨진 상품 하나가 덩그러니 놓여 있을 뿐이다. 이런 형식과 맥락 속에서 한 개인의 서사가 개별 가치와 생기를 지니기란 무척이나 어려운 일이다. 자기소개서가 먹고사는 문제와 직결되어 있음에도 늘 나에게 괴로운 일이었던 것은, 그것이 오직 한 가지 목적에만 봉사하도록 틀 지워진 글이기 때문이며, 어떤 쾌락의 여지도 주지 않은 채 내가 나의 삶을 타자화하는 글이기 때문이다. 또한 자기소개서가 늘 자신에 대한 자부심이 아니라 조바심을, 성찰이 아니라 상찬을, 사유가 아니라 소외를 끊임없이 요구하기 때문이다.

'상품이 아닌 서사'를 상상하자

경제학자들은 그렇게 믿지 않는 것 같지만, 인간은 과거에도 지금도 '효용을 계산하는 기계'보다는 '수다 떨기 좋아하는 동물'에 더 가까운 존재다. 우리는 서로가 서로에 대한 이야기를 주고받으며 기쁨을 느끼고 더 풍성해지는 존재인 것이다. 세계적인 석학 리처드 세넷은 글로벌라이제이션globalization으로 삶의 불안정성이 극대화되면서 "사람들 삶의 서사가 끊어지고 있는 것이 가장 큰 문제"라고 올바로 지적한다. 하지만 그것은 반쪽짜리 분석이다. 왜냐하면 엄청난 환경적 재앙을 야기하며 구가된, 과거 서구 자본주의의 황금기에 존재했던 '삶의 서사들'이 과연 바람직한 것이었는지에 대해서는 제대로 성찰하지 않기 때문이다.

따라서 자기소개서라는 기묘한 형식의 글을 보면서 우리가 고민해야 하는 것은 단순히 '삶의 서사를 회복하자'여서는 안 된다. '상품이 아닌 서사'를 상상하는 것, 그리고 자본주의의 외부 혹은 비상구를 꿈꾸는 그런 전복적 상상력이야말로 지금 우리에게 필요한 게 아닐까.

—『시사IN』 114호, 2009년 11월

『1Q84』 해명 못하는 '아Q' 사회

『1Q84』를 비롯해 대중의 엄청난 지지를 얻은 작품에 대한 문단의 냉담함은 어제오늘 일이 아니다. 전문가는 대중과 접촉을 피하고, 대중은 평론가 행세를 한다.

장관이었다. 지하철 같은 칸에서 무려 다섯 사람이 동일한 책을 펼쳐들고 있는 광경을 보게 되면 누구든 그렇게 생각할 것이다. 다섯 명의 타인, 네 여성과 한 남성이 손에 틀어쥔 책은 바로 무라카미 하루키의 장편소설 『1Q84』였다. 그렇게나 많이 팔렸다는 하루키의 『상실의 시대』가 나왔을 때에도, 김훈과 공지영의 신작소설이 베스트셀러로 등극할 때조차도 이렇게 비현실적인 풍경이 실현됐을 법하지는 않다.

한국어판 로열티 10억 원이라는 신기록을 세우며 화제를 뿌렸던 이 소설은 출간되자마자 찍은 분량을 모조리 소진하는 기염을 토했다. 일본에서 이미 수백만 부가 팔렸고, 한국에서도 몇 달째 베스트셀러 1위 자리를 굳건히 지킨다. 일본에서는 『1Q84』와 관련된 책만 벌써 7권 이상 출간되는 등 한일 양국의 독자가 하루키 월드Haruki World의 새 판본에 보낸 지지와 성원은 그야말로 스펙터클할 지경이다. 반면 이른바 문학계의 반응은 기묘하리만치 조용하다. 본격적인 작품 비평은 전혀 없다시피 한데, 단지 『1Q84』 한국판을 낸 출판사가 운영하는 문학 계간지에 작품론과 작가론이 실렸을 뿐이다.

대중의 엄청난 지지를 얻은 작품에 대한 문단의 냉담함은 사실 하루키에 국한한 일은 아니다. 국내 몇몇 작가의 밀리언셀러 소설들이 냉소와 조롱의 대상이 될지언정 비평과 토론의 대상이 되지 못하는 현상은 어제오늘 일이 아니다. 문학성이 부족해서일까? 비평하고 토론할 '꺼리'조차 없어서? 물론 그렇지 않다. 가열차게 비평되고 논의되는 작품들의 문학성이 밀리언셀러들보다 압도적으로 뛰어난 것이냐고 묻는다면 "그렇다"라고 대답할 수 있는 이가 과연 있을까. 답은 당신도 알고 나도 안다. 그들은 대중의 지지와 자신의 판단을 정면 대결시키는 게 부담스러운 것이다. 대중의 취향을 거스르는 글을 써서 욕을 먹고 분란에 휘말리느니 차라리 아무 말도 하지 않는 게 낫다는 얘기다. 개인 차원에서야 현명한 대응 방식이라 할 수도 있겠지만, 문제는 하루키의 소설뿐 아니라 큰 규모로 대중이 움직인 사회현상 또는 문화현상을 두고 응당 펼쳐져야 할 지적 담론이 이렇게 위축되는 일이 언제부터인가 일반화되었다는 사실이다.

전문가 비판과 사유, 대중은 존중 안 해
한국 땅에서 요즘처럼 활발히 토론이 일어난 적이 있었던가 싶을 정도로 여러 매체에는 토론 프로그램이 넘쳐나고, 인터넷에도 비슷한 공간이 산재해 있다. 그러나 이런 채널의 다양성과 접근성 자체가 토론의 심화를 방해하는 질곡이기도 하다. 분 단위로 업데이트되는 주제가 끝없이 이전 주제들을 뒤로 밀어낸다.

사건은 사유되기는커녕 소비될 시간조차 부족하다. 한편으로 평균 학력이 훌쩍 높아지고 인터넷 사용에 익숙해진 대중은 스스로를 '잘 교육받고 계몽된 주체'라고 생각하기 때문에 전문가의 비판이나 사유를 과거만큼 존중하지 않는다. 의학이나 금융 경제 등과 같은 이슈일 경우 아직까지 대중이 전문가에게 경외심을 보여주지만 주제가 소설이나 영화 혹은 사회적·정치적 이슈일 경우 훈련된 전문가의 견해가 자신의 개똥철학에 부합하면 옳은 것이고, 아니면 '공허한 말장난' 정도로 치부된다. 어쩌다가 전문가가 대중의 취향을 비난하는 듯한 발언을 하면 대중은 그의 개인 신상 정보와 과거 실수 하나까지 찾아내 '조리돌림'시켜버린다.

  이렇다 보니 이쪽 분야에서 전문가들은 아예 대중과의 접촉 자체를 회피하면서 속으로는 경멸하고, 대중은 체계 없고 부정확한 지식을 가지고 각종 커뮤니티에서 평론가 행세를 한다. 둘 다 일종의 '정신 승리법'이다. 그 결과는 어떠한가. 우리 사회는, 이를테면 『1Q84』라는 소설에 왜 이토록 열광하는지 스스로 해명하지도 못하는 '아Q'가 됐다.

—『시사IN』118호, 2009년 12월

'공부의 신'도 못 따라갈 대한민국 현실

지난 10여 년 엄청나게 빠른 속도로 진행된 극단적인 승자독식과 부의 편중이 '현실주의'가 미처 따라잡기도 전에 '현실' 그 자체를 바꾸어버렸다.

"이 사회엔 룰이라는 게 있다. 너희들은 이 룰 위에서 살 수밖에 없다. 이 룰을 누가 만들었겠냐? 똑똑한 놈들이다. 법률, 교육제도, 부동산 제도, 세금, 금융, 급여 시스템……. 똑똑한 놈들이 입맛에 맞게 자기들 살기 편한 대로 룰을 만든다. 하지만 자기들에게 불리한 것들은 어렵게 배배 꼬아놔서 똑똑하지 못한 대부분의 사람은 도무지 알아채지 못한다. 똑똑한 놈들은 이 룰을 이용해 평생 잘 먹고 잘 산다."

최근 방영을 시작한 텔레비전 드라마 〈공부의 신〉 한 장면이다. 미타 노리후사의 만화 『드래곤 사쿠라』가 원작으로, 파산 직전의 삼류 고등학교를 살리기 위해 그 학교 꼴찌들을 최고 명문대에 합격시키려는 변호사와, 각자의 사정으로 살벌한 입시전쟁에 뛰어드는 아이들에 관한 이야기다. 일본의 원작과 몇 가지 설정에서 차이가 있지만, 변호사가 꼴찌들과 처음 만난 자리에서 퍼붓는 저 신랄한 대사만큼은 거의 똑같다. 많은 시청자가 "현실을 있는 그대로 표현한 명대사"라고 칭찬했다고 한다.

사실 그리 구구절절 떠들 것도 없다. 한국에는 더 절묘하고 간명한 표현이 오래전부터 있었으니 말이다. "억울하면 출세해라!" 이 말에는 다양한 버전이 존재한다. "억울하면 사장 되든가", "억울하면 서울대 가든가", "억울하면 강남 살든가"……. 한국에서 살아간다는 건 그렇게 수많은 억울함과 서러움을 제 못난 탓으로 돌리고 참아내는 과정과 다름없다. 어려서부터 우리는 그렇게 길러졌다. 밥상머리에서, 학교와 학원과 기타 소속 집단에서 가장 자주, 가장 강력하게 주입되는 이념은 반공주의도 민족주의도 아니었다. 이 모질고 살벌한 세상에서 억울한 일 당하지 않으려면 악착같이 좋은 대학 가고 좋은 직장에 들어가야 한다. 그게 안 되면 최소한 힘깨나 쓰는 사람들과 친해지기라도 해야 한다. 이 적나라한 리얼리즘 앞에서는 좌파도 우파도 없었다.

〈공부의 신〉은 그런 '현실주의'에 대한 이야기다. 의도야 어떻든 적나라하게 현실을 드러내는 것은 나쁘지 않다. 문제는 이 '현실주의'가 재현하는 현실이 더 이상 정확한 우리의 현실이 아니라는 점이다. 2010년의 대한민국은 단지 서울대를 나왔다고, 의사가 됐다고, 사법고시를 패스했다고 사회의 '룰'을 만드는 쪽에 설 수 있는 사회가 아니다. 지난 10여 년 엄청나게 빠른 속도로 진행된 극단적인 승자독식과 부의 편중이 '현실주의'가 미처 따라잡기도 전에 '현실' 그 자체를 바꾸어버렸다.

서울대에 목숨 거는 건 일부 '강남 워너비'들뿐

이제 '사회의 룰'을 만들어내거나 바꿀 수 있는 그룹에 끼려면 훨씬 더 까다로운 기준, 이를테면 부모와 조부모의 자산 총액이나 본인의 아이비리그 출신교, 글로벌 잡 마켓에서 쌓은 경력 같은 기준을 충족시켜야 한다. 어느 '강남 아줌마'의 전언에 따르면 "서울대에 아등바등 목숨 거는 건 이제 목동 같은 동네의 일부 '강남 워너비'들뿐"인 상황이 도래했다.

　한국 사회의 엘리트가 '글로벌 엘리트'가 되면서 상층계급으로 가는 진입로는 극도로 좁아지고 말았다. 이른바 '개천에서 용 나는' 경우는 거의 사라졌다. 그뿐인가. 고용 불안이 고착되면서 하층계급의 중간계급으로의 이동도 더욱 힘들어졌다. 이런 사회에 남는 건 절망과 무기력이다. 특히 젊은이에게 현실을 변화시키거나 개선하려는 욕구 자체를 사라지게 만든다. '하류 지향' 같은 단어로 표현되는 일본의 일부 젊은이의 무기력은 더 이상 남의 일이 아니다. 물론 "억울하면 출세하라"고 다그치는 기성세대에게 '낡여서' 열심히 처세서 따위를 읽어대는 청춘이 여전히 많다. 그러나 한편에서는 "억울하지도 않고 하고 싶은 일도 없다"라며 공허한 일상을 그저 견디는 청춘도 급속히 늘고 있다. 새로운 현실은 이미 도래했다. 필요한 건 새로운 현실주의다.

—『시사IN』 122호, 2010년 1월

대학은 이미 '공교육'이다

대학 진학률 80%가 넘어 대학 교육이 엘리트 교육이 아니라 보통 교육이 된 지금 대학 등록금 문제는 반드시 공공성 원리에 따라 해결되어야 한다.

하여간 사람 혈압 올리는 재주 하나는 타고났다. "등록금이 싸면 좋겠지. 그런데 너무 싸면 교육의 질이 떨어지지 않겠어?" '취업 후 학자금 상환제' 시행 첫날인 2월 2일, 한국장학재단을 방문한 대통령께서 던진 말씀이란다. 예비 대학생, 학부모, 개강을 준비하는 대학생 할 것 없이 지금 몹시 화가 나 있다. 이를테면 '싼 게 비지떡'이란 논리인 셈인데 그렇게 따지자면 유럽의 그 수많은 훌륭한 대학들, 죄다 '똥통'이란 소린가. 그러고 보니 얼마 전 대통령의 모교 총장 이기수 씨가 "대학 교육의 질에 비해 우리나라처럼 등록금이 싼 나라는 없다"라는

'망언'을 해 전국 대학생과 학부모의 속을 발칵 뒤집어놓기도 했다.

'반값 등록금'이 이명박 대통령 후보 시절 공약이네 아니네 실랑이가 있지만 대통령이 자기 공약이 아니라 한나라당 공약이었다고 극구 부인하니까 뭐 그렇다 치자. 사실 그게 본질적인 문제는 아니다. 무시무시하게 높아진 한국의 대학 등록금은 반으로 뚝 쪼개도 서민이 감당하기에는 이미 허리가 휘는 액수가 되어버렸다는 게 진짜 문제다.

2009년 경제협력개발기구^{OECD} 교육 지표를 보자. OECD를 통틀어 등록금 비싸기로는 한국이 세계 2등이다(1위는 미국). 가장 눈여겨보아야 할 지표는 등록금 순위라기보다 민간 부담 비율이다. 즉 학생이나 학부모가 직접 부담해야 하는 비용을 말한다. 한국은 대학 교육의 민간 부담비율이 1.9%로 OECD 평균의 무려 4배에 달하며 압도적 1위를 차지한다. 등록금을 마련하지 못해서 대학생들은 저임금 아르바이트에 시달리며 휴학과 복학을 반복하고, 대학생을 둔 가정마다 빚은 눈덩이처럼 불어나고, 심지어 등록금 때문에 자살하는 사례마저 속출한다.

이런 지옥에서, 정부가 등록금 대책이라고 내놓은 '취업 후 학자금 상환제'는 어떤가. 학생을 상대로 '복리' 이자(5.8%)를 놓으시겠단다. 그저 할 말을 잃을 뿐이다.

결국 핵심은 돈이다. 대학 교육에 누가, 얼마만큼 돈을 지불해야 하는가의 문제다. 해법은 대학 교육을 민영화 논리에서 볼 것이냐, 아니면 공공성 원리로 볼 것이냐에 따라 갈린다. 민영화 논리에서 볼 경우 부자들이 질 좋은 교육을 받고, 빈자가 질 나쁜 교육을 받는 게 당연하다. 한국의 대학은 정부 지원을 받기에 결코 사적 교육기관이라 말할 수 없지만 지금까지 대체로 이런 논리에 따라 경영해왔다. 당연히 등록금은 미친 듯이 올랐다. 반면 공공성의 원리에서 보면 원칙적으로 모든 주권자에게, 현실적으로 최대 다수의 시민에게 가장 질 좋은 교육을 제공하는 게 목표가 되어야 한다. 그러려면 당연히 시민 개인이 부담해야 하는 비용은 낮아지고, 모자라는 부분은 국가가 부담하게 된다. 재원은 조세이므로 결과적으로는 돈을 많이 버는 사람이 그만큼 더 교육비를 부담하게 될 것이다.

학자금 상환제는 학생 상대로 한 이자놀이

결론부터 말하자면 공공성의 원리 쪽으로 가야 하고 그럴 수밖에 없다. 한국에서는 대학 진학률이 80%가 넘어 대학 교육이 이미 엘리트 교육이 아니라 대중 교육이 되었다. 그렇다면 당연히 대중 교육에 맞는 교육비 부담 체계로 가야 한다. 정부가 재정 지원을 더 늘려 최소한 OECD 평균 수준까지는 민간 부담비율을 낮춰야 한다.

엘리트 교육기관은 질적으로 우수하고 대중 교육기관 혹은 공공 교육기관은 질이 열악할 것이라는 건 완전히 편견이다. 두 교육기관은 목표가 다를 뿐 우열 관계가 아니다. 특히 선진국은 예외 없이 대중 교육기관의 질이 높다. 더는 대학 가는 것이, 또 대학 보내는 것이 죄가 되지 않게 하기 위해서라도 대학 등록금 문제는 반드시 공공성의 원리에 따라 해결되어야 한다.

—『시사IN』 126호, 2010년 2월

'막가파 어르신'들의 집단행동

한국의 '꼰대'들은 언제부터인가 사회 통합과 원칙을 강조하는 본연의 미덕을 잃어버렸다. 그들이 강퍅해질수록 젊은것들이 더 너그러워져야 한다.

풍문으로 떠돌던 학생인권조례가 드디어 수면 위로 떠올랐다. 학교 현장에서 학생의 인권침해를 막기 위한 제도다. 개혁 성향 교육감이 상당수 당선되며 어느 때보다 실현 가능성이 높아졌다. 경기도의 학생인권조례 초안을 보면 내용을 짐작할 수 있다. 체벌과 구타, 차별적 언사 같은 물리적 폭력에서 자유로울 권리, 휴식할 권리, 사생활을 보장받을 권리, 학교 규정의 제·개정에 참여할 권리……. 대부분 헌법이 보장하는 기본권을 쉽게 풀어쓴 것이다. 하지만 이 당연한 얘기를 둘러싸고 분위기가 영 험악하다. 전국의 '꼰대(노인)'들, 분기탱천하며 총궐기했다. "절대 안 돼!"

조중동 같은 극우 언론에서 일제히 십자포화를 쏟아부었다. 역시 『조선일보』라서 사설 제목부터가 군계일학이다.(「학생인권조례로 '촛불 홍위병' 키워보겠다는 건가」) 미래 세대를 바라보는 극우 세력의 분노와 트라우마가 이처럼 솔직하고 명징하게 드러나 있는 글도 드물다. 그렇기 때문에 본문을 좀 길게 인용해본다.

> (초·중·고생들은) 인터넷에 떠도는 근거 없는 소문에 휩쓸려 자제력을 잃고 집단행동을 하기 쉽다. 2년 전 광우병 파동으로 촛불시위가 처음 일어났을 때 참가자의 80% 이상이 중·고생이었다. (……) 인터넷 선동과 유언비어에 휩쓸리기 쉬운 10대를 '정치 주체'로 키우려고 집회의 자유를 보장하고 교육정책 결정에 참여하게 하면 학생은 정치꾼, 학교는 난장판이 되고 말 것이다.

이런 주장에는 청소년을 보호와 훈육의 대상으로만 바라보는 시선이 기본으로 깔려 있다. 청소년이 사회문제에 대해 비판적으로 발언할라치면 "되바라지게 나서지 말고 공부나 해라"는 반응이 바로 튀어나온다. 하지만 이런 어른들의 바람대로 고등학교 3학년까지 내리 12년간을 '사회적 무뇌아'로 길러진 사람은 대개 대학생이 되고 사회인이 되어도 여전히 '사회적 무뇌아'로 남을 가능성이 높다. 공화국 시민의 소양은 공짜로 주어지지 않는다. 그것은 자신이 시민으로, 또 인간으로 대접받고 행동할 때 비로소 생겨난다.

지금 한국 사회의 문제는 청소년이 아니다. 집단행동하는 꼰대들이다. 미셸 푸코의 1976년 '콜레주 드 프랑스'(프랑스 고등교육기관)의 강의록 제목은 '사회를 보호해야 한다'였다. 내가 보기에 한국에서는 꼰대를 사회로부터 보호하는 게 더 시급하다. 사태의 심각성을 알려주는 임상 사례가 2010년 6월 참여연대에 가해진 보수 단체의 집단 린치다. 정부의 천안함 발표에 의문을 제기한 참여연대 앞에서 가스통·권총·시너로 무장한 보수 단체 소속 노인들이 "참여연대 내부 친북 세력이 누구인지 밝혀라" 따위 구호를 외치며 상근자에게 폭언과 폭행을 일상으로 자행했다. 어느 날에는 보수 단체 중 하나인 대한민국어버이연합이 똥과 오줌을 준비해와 '분뇨의 일격'을 가하는 바람에 시민들의 혼을 쏙 빼놓았다. 『조선일보』는 청소년들이 "인터넷에 떠도는 근거 없는 소문에 휩쓸려 자제력을 잃고 집단행동을 한다"라고 비난하지만 청소년의 집단행동은 이 어르신들에 비하면 그야말로 조족지혈이다.

지금 청소년의 집단행동을 걱정할 때인가

슬프게도 한국의 꼰대들은 언제부터인가 사회 통합과 원칙을 강조하는 꼰대 본연의 미덕을 잃어버렸다. 그 대신 제 자식 군면제를 위해 탈법과 불법을 태연히 저지르고, 툭하면 폭력을 동원해 자신의 이념을 강요한다. 더구나 꼰대들은 적절한 성찰과 학습의 기회도 제대로 얻지 못한 채 조중동과 경제신문의 차마 눈뜨고 볼 수 없는 선정적인 콘텐츠에 무방비로 노출되어 있다. 그러니 어쩌겠는가. 꼰대들이 강퍅해질수록 젊은것들이 더 너그러워질밖에. 우리는 질 낮은 선동을 일삼는 매체와 푼돈 쥐여주며 폭력집회에 동원하는 단체들로부터 꼰대를 보호해야 한다.

―『시사IN』 148호, 2010년 7월

'중앙 무대'의 '촌놈 신고식'이 가혹하다고?

공적 매체에서 지역 출신의 정치인 또는 선출된 대표자를 가리켜 'ㅇㅇ의 아들'이라고 호명하는 것은 인사를 검증하지 못한 것보다 오히려 더 큰 문제가 아닐까?

정말 아쉽고 안타깝습니다. 한편으로는 경남이 낳고 키운 인물이 연일 난타당하는 모습을 보며 이른바 '중앙 무대'의 '촌놈 신고식'이 너무 가혹하다는 생각도 들었습니다. 그러나 의혹을 해소하기는커녕 증폭만 시킨 채 허망하게 무너지는 '경남의 아들'을 속수무책으로 지켜볼 수밖에 없었습니다. 지역 언론의 감시 프로그램이 제대로 작동했더라면 사전에 예방하거나 바로잡을 수 있는 일이었기 때문입니다.

『경남도민일보』가 8월 30일자 신문에 편집국장 명의로 실은 '반성문'의 한 구절이다. 어떤 반성일까. 해당 지역 도지사 출신인 김태호 총리 후보자의 여러 탈법 사실을 지역 언론사가 미리 잡아내지 못한 데 대한 반성이요 대국민 사과다. 신선했다. 무엇보다 내부 비판으로 끝낼 수도 있었을 자기 평가를 공식 지면에서 실천했다는 점이 놀랍고 반갑다.

그런데 말꼬리를 좀 잡으려고 한다. 다름 아닌 '경남의 아들'이라는 표현 말이다. 이 단어가 실제 지역 정서를 그대로 표현한 것인지는 모르겠다. 하지만 공적 매체에서 지역 출신의 정치인 또는 선출된 대표자를 'ㅇㅇ의 아들'이라 호명하는 것은 인사 검증을 제대로 하지 못한 것보다 오히려 더 큰 문제가 아닐까. 단순히 친근감의 표현인데 왜 문제냐고? 그렇지 않다. 내 아들과 내 딸, 요컨대 '내 새끼'는 무조건 편들어줘야 할 대상이지 시비를 가릴 대상이 아니기 때문이다. 이렇게 지역 정치인을 가족으로 호명하는 태도에 내장된 온정주의야말로 지역 언론의 감시 프로그램을 제대로 작동하지 못하게 만드는 '보이지 않는 눈가리개'가 아니었을까.

우리 사회에서 이른바 '전국구'가 된 지역 엘리트와 유명 인사를 그곳의 자랑스러운 아들 또는 딸로 호명하는 일은 너무나 자연스럽다. 이승만 전 대통령을 '아버지'라고 부르거나 육영수 여사를 '어머니'라고 불렀던 걸 떠올리면, 공인公人을 가족에 비유하는 습속은 꽤 유구한 전통을 갖고 있다. 그러나 감히 말하건대 '가족 은유'는 공인을 표현하는 가장 나쁜 방식이다. 그것은 현존하는 공적 폭력을 은폐하기 쉬울 뿐 아니라 지배·피지배의 권력관계를 '사랑과 미움의 가족 로망스'로 치환한다.

'내 자식도 한자리 해먹어야 한다'는 사고방식이 문제

과거 한국 사회에서 국가와 개인의 대면이 사회적 의미를 획득하는 경우는 대개 부모와 자식의 유비$^{類比, 맞대어 비교함}$로 상징화될 때였다. 대다수 한국인이 '공적 차원의 시민^{citoyan}'은커녕 '개인^{individual}'이라는 개념이 무엇인지조차 제대로 알지 못했던 탓이다. 서구적 근대화를 경험하지 못한 사회이기에 어쩌면 당연한 혼란이었을지 모른다. 형식 민주화 이후 20여 년이 흐르면서 한국 사회도 정치 지도자를 아버지처럼 섬기는 봉건적이고 가부장적 분위기에서 많이 벗어나기는 했다. 적어도 원칙상으로는 국가 또는 정치 지도자가 시민 위에 군림하는 존재는 아니라고 생각하게 된 것이다. 우리도 그렇게 조금은 근대인이 되었다. 그런데도 여전히 가족 은유가 활발히 작동하고 연고주의가 격렬히 분출되는 때가 적지 않다. 바로 중앙정부의 한정된 권력 자원을 놓고 지역의 엘리트들이 경쟁하는 경우다. 서울과 지방의 격차가 날이 갈수록 현격해지면서 이런 경향은 더욱 심해졌다.

'남의 자식도 출세했는데 내 자식도 한자리 해먹어야 한다'는 사고방식 아래에서는 철학과 정책과 도덕성이 들어설 여지가 없다. 더욱 큰 문제는 지역 엘리트의 출세 경쟁이 지역 토호의 이권에 도움을 줄 수 있을지는 몰라도, 지역민과 시민 전체의 복지에 기여하는 경우는 극히 드물다는 점이다.

광장에서 우리는, 누구의 어미도 아비도 아니다. 누구의 아들딸도 아니다. 광장에서 우리는 모두 시민이다. 우리에게 필요한 건 '가족 로망스'가 아니라 차라리 '인민재판'이다.

―『시사IN』156호, 2010년 9월

난 G20 반대일세

G20을 한마디로 표현하자면, 범죄자(영미권 국가)들이 판사가 되어 자신의 형량을 스스로 결정하겠다고 덤비는 꼴이다.

한국이 G20 의장국이 되었을 때 가슴속에 애국가가 메아리치고 눈물이 흘러나왔습니다.

네이버 어린이 사이트에서 초등학교 4학년이 쓴 글이란다. 한국의 'G20 열광'을 비꼰 11월 1일자 미국 〈블룸버그통신〉 기사의 일부다. 확실히 G20 정상회의에 대한 한국의 열광은 도를 넘어섰다. 시쳇말로 '미친 존재감'이다. 텔레비전을 틀면 나오는 콘서트며 이벤트는 죄다 'G20 성공 기원'이다. 상당수 서울 시민은 지나친 경비와 보안 때문에 일상생활에 불편을 겪고 있고, 특히 G20 행사장 인근 상점들은 영업 손실을 감내해야 할 형편이다. 그래서 트위터와 같은 인터넷 여론 공간에서 'G20 호들갑'에 대한 비판 여론이 폭발적으로 끓어올랐다. "쌍팔년도에 올림픽 치를 때도 이 정도는 아니었다"라는 비난이 많은 공감을 얻었다. MB가 정국 주도권을 잡기 위해 지나치게 많은 돈을 들여 국제 행사를 홍보하고 있다는 비판도 여러 곳에서 나온다. 모두 일리가 있고 공감이 간다.

그런데 어째 뭔가 좀 찜찜하다. "국제 행사로 난리법석 떠는 게 촌스럽고 MB의 속내가 빤히 들여다보여 싫다", 이걸로 끝인가? 우리가 G20을 두고 할 말이 고작 이것뿐인가? G20에 눈을 빼앗겨 정작 G20을 어떻게 규정할 것인지에 대한 사회적 논의는 실종되어버린 것 아닌가. 언제부터인가 사람들은 옳고 그름으로 판단해야 할 문제를 좋고 싫음으로 판단하는 경향을 보이는 것 같다. 이렇게 '시비'의 문제를 '취향'의 문제로 대체했을 때 본질은 흐려지기 쉽다. 진지하게 사유해야 할 문제가 은폐되고, 파고들어 토론해야 할 사안도 패러디의 홍수 속에 흔적도 없이 날아가버린다.

G20의 실체는 '비민주성·반노동성·기만성'

내가 보기에 G20 자체에 반대해야 하는 이유는 너무나 많다. 그중 핵심적인 것 세 가지만 꼽아보면, 첫 번째는 '비민주성'

이다. 도대체 20개 국가에 누가 세계경제의 운명을 결정해달라고 부탁했는가? G10도 G100도 아닌 G20이어야 할 필연적 이유는 무엇인가? 왜 부잣집 애들 몇몇이서 가난한 애들 인생을 결정짓는가? 돈 많으면 그래도 된다고? 그런 논리가 정확히 반민주주의다.

두 번째는 '반노동성'이다. 2009년 피츠버그 회의에서 "좋은 일자리를 창출한다"라는 립서비스가 나오기도 했지만, 기본적으로 금융 세계화 전략의 유지를 전제한 G20 회의는 반노동성을 띨 수밖에 없다. 금융자본주의의 세계화가 노동환경에 미친 영향은 무엇이었는가. '고용 없는 성장'과 '불안정 노동의 확산', 그리고 소득—특히 자산 소득—의 극단적 불평등이었다. 이른바 'IMF 모범생' 대한민국이 지난 10년간 신물나게 경험한 현실이다. 이러한 노동 현실을 전면적으로 변화시키기 위한 어떤 정책적 목표나 수단에 대해서도 G20은 논의하고 있지 않다.

세 번째는 '기만성'이다. G20을 한마디로 표현하자면, 범죄자들이 판사가 되어 자신의 형량을 스스로 결정하겠다고 덤비는 꼴이다. 2008년 서브프라임 사태로 대표되는 글로벌 금융위기의 원인, 그야말로 '암흑의 핵심'이라 할 영미권 국가들은 국제사회의 쏟아지는 비판을 받아왔다. 그런데도 이들은 금융경제 주도권을 놓치지 않으려고 필사의 노력을 펼쳤는데, 그

중 하나가 바로 G20 정상회의다. 아직 개발도상국을 채 벗어나지 못한 한국이 의장국이 된 배경에는 이 같은 영미권 국가들의 움직임이 있었다는 게 중론이다. 이번에 만약 '서울 컨센서스'가 합의된다면 금융위기를 초래한 세력에게 면죄부가 될 거라는 예상이 그래서 나오는 것이다.

G20은 좋고 싫은 문제가 아니라 서로의 견해를 명확히 밝혀야 하는 문제다. 이 자리에서 확실히 밝혀둔다. "난 G20 반대일세!"

—『시사IN』165호, 2010년 11월

한국은 지금 '뒷문 해결' 사회

최철원 씨 폭행 사건은 우리 사회에 규칙·규범의 예외 사례가 빈번함을 말해준다. '돈과 힘이 있다면' 최 씨처럼 살고 싶은 이가 한둘이 아닐 것이다.

"한 대당 100만 원, 열 대 이후부터는 한 대당 300만 원." 재벌 2세가 야구방망이로 노동자를 잔혹하게 구타한 뒤 '매 값'을 던져준 사건으로 전국이 들썩였다. 사건의 장본인은 SK그룹 최태원 회장의 사촌 최철원 씨. 2007년에도 비슷한 사례가 있었다. 김승연 한화그룹 회장의 '주먹질' 말이다. 아들이 유흥주점에서 맞고 오자 아버지가 부하들을 끌고 가서 아들을 때린 자를 글자 그대로 '조져'버렸다. 이 사건들이 확인시켜준 건 뭘까. 한국 사회가 '뒷문 해결 사회backdoor solution society'라는 사실이다.

뒷문 해결 사회란 "규칙과 규범의 예외 적용 대상이 됨으로써, 혹은 권력자와의 직접 담판을 통해서 개인의 요구를 관철하려는 경향이 강한 사회"다. 그럼 그 사회는 규칙도 규범도 잘 안 지키는 그냥 후진국 아니냐고? 그렇지는 않다. 법이 사문화하고 사회규범 또한 사실상 붕괴한 사회에서 개인의 뒷문 해결은 이미 뒷문 해결이 아니라 그냥 일반적인 행동에 불과하다.

'뒷문 해결'로 문제 풀면 쾌락 극대화

역설적이지만, 오히려 법과 제도적 체계가 비교적 잘 발달한 사회에서야말로 뒷문 해결책의 효용이 커진다고 할 수 있다. 남들이 어쩔 수 없이 지켜야 하는 규칙을 혼자서 지키지 않아도 될 때 그 쾌락은 극대화한다. 그러니 뒷문 해결은 단지 효율성을 위한 전략만이 아니라 제도와 규범이 지배하는 사회 내부의 '욕망'에 관한 문제이기도 하다.

뒷문 해결에는 처벌 또는 비용이 동반되기 마련이다. 처벌이 칼같이 적용되거나, 거기에 드는 비용이 커서 뒷문 해결이 잘 시도되지 않는 사회를 뒷문 해결 사회라 할 수 없다. 마찬가지로 사회 시스템이 근대적으로 구축되지 못해서 제도화된 처벌 자체가 미비한 사회 또한 뒷문 해결 사회라 부를 수는 없다.

반면에 한국 사회는 근대적이고 완결적인 법적·제도적 체계를 갖추고 있으면서 이른바 G20에 들어갈 정도로 부유한 나라이지만, 전형적인 뒷문 해결 사회다. 넓게 본다면 혈연·지연·학연 따위도 모두 뒷문 해결책의 일종이다.

제도적 장치를 통해 차근차근 해결하기보다 '책임자를 불러'와서 해결하거나 '허심탄회한 독대' 따위가 선호된다. 남자들끼리의 갈등인 경우, 심지어 웃통 벗고 공터에서 '완타치'를 뜬다! 뒷문 해결이 꼭 개인 차원의 행동이거나 부정적 일탈인 것은 아니다. 한국 사회운동 특유의 진보성과 역동성에는 국가(권력자)와 국민(운동의 지도자)이 직접 대면해 단번에 역사를 진전시키려는 경향이 드러나는데, 이것 역시 일종의 뒷문 해결이라 볼 수 있다.

한국의 지배계급은 군대를 가지 않고, 연줄로 자식을 취업·입학시키는 등 뒷문 해결을 일삼아왔음에도 엄격하게 처벌받은 경우가 극히 드물었다. 한화 김승연 씨나 SK 가문의 최철원 씨 사건은 한국의 부르주아가 노블^{noble}하기는커녕 시정잡배만도 못하다는 사실을 의심할 여지없이 적나라하게 드러낸다. 한마디로 한국 부르주아에게는 '아우라' 따위가 없는 거다. 대중에게 뒷문 해결은 그래서 공공성 문제나 윤리적 문제가 아니라 단지 힘의 문제가 된다. '내가 힘없고 돈 없고 백 없어서' 곧이곧대로 규칙을 적용받는다고 여기는 것이다.

그러므로 뒷문 해결을 욕망하는 이유를 단순히 개인의 비도

덕이나 몰염치로 환원시킬 수는 없다. 한국인의 이 치열하다 못해 살벌한 생존경쟁을 추동하는 에너지는 결국 "나도 '규칙을 초월한 사람' 내지 '규칙을 예외 적용 받는 사람'이 되겠다"라는 평등주의적 욕망이기 때문이다. 최철원 씨에게서 잔혹함을 빼고 나면, 남은 건 곧 '나도 돈만 있으면······'이라고 상상하는 우리 모습 그 자체가 아닐까.

—『시사IN』169호, 2010년 12월

카프카의 쥐

'쥐 그림' 공판 기록을 보고 '빵' 터졌다. 사회 구성원들의 내면화를 허용하지 않는 대한민국의 사법 권위는 그저 경멸의 대상으로 존재한다.

이 포스터를 보십시오. 청사초롱은 예부터 귀한 손님을 맞을 때 쓰는 물건입니다. 그런데 이 청사초롱을 마치 쥐가 들고 있는 것처럼 그림을 그려넣었습니다. 원래 포스터에는 누가 청사초롱을 들고 있는지 나와 있지 않습니다. (……) 그것은 G20 대회를 통해 선진국으로 도약하고 국가의 번영을 이루겠다는 우리 국민들, 우리의 아이들이 있어야 할 자리입니다. 피고 박정수는 우리 국민들과 아이들로부터 청사초롱과 번영에 대한 꿈을 강탈한 것입니다. 빼앗은 것입니다!*

정말 '빵' 터졌다. 한참 웃고 난 다음, 정말 저 말을 법정에서 검사가 했을까 의심했다. 술 한잔 걸치고 우익 집회에서 마이크 잡은 영감님도 아니고 기소권을 독점한 국가기관의 검사 '영감님'이 아닌가. 그러나 이날 법정에 참관하러 간 사람들의 공통된 증언에 따르면, 검사의 저 발언은 팩트다. 이외에도 주옥같은 '어록'이 깨알처럼 쏟아진 자리였다고 한다. 영화평론가 황진미 씨는 터져 나오는 폭소를 억지로 참아가며 대한민국 검사의 육성을 날것 그대로 기록해 소중한 자료를 남겨주었다.

　하지만 뭐니 뭐니 해도 하이라이트는 저 "꿈의 강탈" 발언이다. 대한민국의 사법 정의가 왜 사람들에게 늘 '사법 개그'가 되어왔는지, 또 될 수밖에 없는지를 구구절절한 설명 없이 한눈에 보여준다. 정말 궁금해서 미치겠다. "국민들과 아이들의 꿈"이 "청사초롱과 번영"으로 '찌찌뽕'되어 있다는 매트릭스적 진실을 대체 누가 검사에게 누설했을까. 〈나이트메어〉의 프레디 크루거도 아닌 예술가 박정수는 또 어떻게 "국민과 아이들의 꿈"을 "강탈"할 수 있었을까. 대체 누가 검사에게 "대한민국의 국민과 아이들이 있어야 할 자리"를 규정할 권한을 줬을까. 이 모든 개그는 대체 무슨 의미인가. 난 누구고, 또 여

---

* 황진미, 「'쥐 그림' 3차 공판, '개콘'보다 웃겨라」, 〈인터넷 한겨레〉.

긴 어딘가.

법은 스스로 정당해서 존재하는 게 아니다. 사회의 모든 제도나 구조물처럼 법 또한 임의적·자의적인 체계다. 원래부터 정의로운 건 존재하지 않는다. 정당성은 사회적 관계 속에서 구성될 뿐이다. 자명하고 자연스러운 것으로 보이는 제도나 가치들은 그만큼 그것들의 권위가 사회 구성원들에게 추인되고 깊숙이 내면화되어 있다는 뜻이다. 프란츠 카프카가 위대한 작가인 이유 중 하나는 내면화된 거대한 정당성 혹은 권위의 체계가 살아 있는 인간을 얼마나 억압하는지, 근대 이후의 세계가 처한 그 부조리한 상황을 날카롭게 묘사해주기 때문이다. 그래서 카프카 소설 속 주인공들은 벗어날 수 없는 세계의 크고 촘촘한 질서에 집요하게 쫓기다가 비극적인 최후를 맞이하기 일쑤다. 이런 통찰에는 카프카 자신이 법학 박사였기에 법의 속성을 뼈저리게 깨달은 면도 있을 것이다. "인간에 대한 무관심을 체험하기에 최적의 직업이어서 법학을 선택했다"라는 냉소적 회고는 카프카의 이런 면모를 엿보게 하는 유명한 에피소드다.

이념적 편향 노출하고 모럴 해저드 일삼는 검사들

그런데 대한민국의 사법 체계는 사회 구성원들의 내면화를 허용하지 않는다. 바로 이게 핵심 문제다. 어떤 질서를 내면화하려면 최소한의 동일시가 필요하다. 그런데 '쥐 그림' 검사처럼 어린이 반공 웅변대회 수준의 이념적 편향을 노출시켜 사람들을 폭소하게 하거나, '스폰서 검사' '그랜저 검사'같이 악취 진동하는 모럴 해저드가 일상이니, 어떻게 사회 성원들이 사법적 권위와 질서를 내면화할 수 있겠는가. 요컨대 대한민국의 사법 정의는 억압적 권위보다는 경멸의 대상으로 존재하는 것이다. 서글픈 얘기지만, 한국 사회에 프란츠 카프카는 과분하다.

—『시사IN』 191호, 2011년 5월

잡감 넷

오늘의 이데올로기 비판

우리는 어떤 국가를 원하는가

> 최근 10여 년간 한국에서는 사적 욕망이 소용돌이치며 사회가 지켜야 할 공공성이 무너지고 그 자리에 강한 국가, 일류 국가에 대한 달뜬 기대가 들어섰다. 요즘 거리집회는 국가에게 할 일 제대로 하라고 외치는데…….

2008년 6월 중순 현재, 많은 사람이 대의민주제의 핵심인 정당정치가 실종된 상황을 걱정한다. 어떤 사람은 지금 대한민국이 '이중 권력dual power' 상태라고 말한다. 정부 권력과 시민 권력이 날카롭게 대치한다는 거다.

내가 알기로 이중 권력이라는 말의 용례는 크게 두 가지다. 하나는 일본 쇼군-천왕 체제의 기묘한 권력 분점을 묘사하는 경우다. 다른 하나는 약 90년 전에 블라디미르 일리치 레닌이 최초로 이 말을 사용했다. 우리의 맥락은 전자와 무관하므로 후자라는 이야기인데, 그렇다면 지금이 바로 혁명 전야? 에

이, 설마! 오늘날 OECD 가입국에서 '혁명'이라는 단어는 광고 문구 또는 비유적 과장일 뿐이다. 체 게바라의 여전한 인기는 혁명의 절박한 요구 때문이 아니라 티셔츠로 소비될 수 있어서다.

'민족' '통일'은 강한 국가의 수단으로서만 존재 의미 가져

한편 『뉴욕 타임스』는 이번 사태를 두고 "한국 민족주의 정서의 표출이다"라고 주장한다. 일부 운동권 역시 그렇게 생각할지 모른다. 물론 대한민국은 동북아시아의 마지막 분단국이고, 오랜 세월 외세에 시달려온 나라다. 그러나 북조선의 쇠락과 더불어 단일민족국가에 대한 한국인의 판타지는 상당 부분 사라졌다. 월드컵, 한류, 황우석 사태, 〈디워〉 논란 따위에서 공통으로 드러난 것은 '강한 국가'에 대한 열망이지 과거와 같은 민족주의가 아니었다. 한국인에게 민족 혹은 통일은 여전히 중요한 가치이지만 더 이상 그 자체가 목적이 되기 어려워졌다. 이제 그것은 어디까지나 강한 국가를 위한 수단으로서만 존재 가치를 지닌다.

그러므로 민족주의니 민족 정서를 언급하는 것은 최근 10년간 대한민국에 일어난 급격한 변화를 잘 모르고 하는 소리다. 그 변화를 한마디로 표현하자면 '이중 국가$^{dual\ state}$'다. 이것은 위기에 처한 중산층과 '막장'에 몰린 빈곤층이 90%를 이루고,

금융위기 이후 압도적 부를 축적한 10%로 구성된 사회다. 그리고 매일 1000원짜리 김밥을 먹는 사람과 1만 5000원 하는 브런치를 먹는 사람이 같은 사무실에서 일하는, 그런 사회다. 이중 권력이 아니라 실은 이중 국가가 문제다.

  단순히 '10대 90의 사회'를 고발하려는 것이 아니다. 세계화라는 미명 아래 벌어진 급격한 사회·경제적 충격이, 국가의 역할에 대한 한국 사회의 합의를 걷잡을 수 없이 붕괴시켰다는 점이 중요하다. 사적 욕망만이 소용돌이치던 혼란의 와중에서 사회가 지켜내야 할 공공성은 무참히 찢겨 나갔다. 그 빈자리에 자리 잡은 게 바로 강한 국가, 일류 국가에 대한 달뜬 기대였다. '국가의 후퇴'가 '강한 국가의 열망'으로 나타나는 것은 초국적 자본이 판치는 오늘날의 세계에서 그리 드문 일이 아니다. 동북아 중심국가를 내걸고 출범한 참여정부는 이런 국민의 열망을 잘 감지했지만, 시장주의와 국가주의 사이에서 분열병적으로 오락가락하다 '좌파 신자유주의'라는 해괴한 농담을 만들어냈고, 급기야 한미 FTA까지 밀어붙였다. 5년 내내 혼란스러워하던 중산층은 정권이 바뀌고서야 자기가 사는 나라의 실체를 깨달은 듯 이렇게 외친다. "이게 뭐미?"('이게 뭐야'라는 뜻의 인터넷 은어.)

  거리집회에서 사람들이 외치는 구호는 쇠고기 재협상에 국한되지 않는다. 수도 민영화, 의료보험 민영화 반대 등 수십 가지에 이른다. 거칠게 묶으면 모두 국가가 해야 할 일을 포기하지 말고 제대로 하라는 얘기다. 가히 '국가의 귀환'이라 할 만하다. 그러나 여기엔 중요한 질문이 빠졌다. 대체 우리는 어떤 국가를 원하는가?

―『시사IN』 41호, 2008년 6월

부자에게 유리한 한국형 평등주의

일반적 평등주의는 '사회 전체의 비대칭'을 문제 삼지만, 한국적 평등주의는 '부자와 나의 비대칭'만 문제 삼는다. 전자는 부자가 가진 것을 일정 부분 빼앗아와야 하지만, 후자는 가난한 자가 더 가난한 자를 착취한다.

세제개편안을 둘러싼 정부의 발언을 지켜보노라면 정신이 혼미해진다. 화가 나서? 아니, 웃겨서. 압권은 뭐니 뭐니 해도 강만수 기획재정부 장관이다. "감세 효과의 53%가 중산층과 서민에게 돌아간다"라면서 밝힌 중산층의 기준이 "통계청 과표구간으로 연소득 8800만 원 이하"란다. 통계청 과표구간상 연소득 8600만 원만 해도 실제 연봉은 1억 원이 넘어간다. 이 발언이 기사화된 직후 아니나 다를까 수많은 사람이 모멸감에 사로잡혔다. "내가 중산층인 줄 알았는데 알고 보니 하류 인생이었다"라는 식이다. 여론은 부글부글 끓어올랐고 "부자를 중산층으로 둔갑시키는 '강부자' 정권"이라는 비난이 쏟아졌다.

애초 중산층이라는 용어 자체가 매우 허술한 개념이기 때문에 혼란이 가중된 경향이 있다. 하지만 더 흥미로운 건 '강부자 정권'이라 불리는 이 정부가 하는 일마다 부자의 발목을 잡는다는 점이다. 즉, 부자가 부자를 궁지로 몰아간다. 대한민국 서민이 '중산층'이라는 말에 얼마나 민감한데, 거기에 대고 "소득 8800만 원" 운운했으니 작정하고 벌집을 쑤신 꼴이 아닌가.

어느 사회이건 지배계급은 자기의 이익을 사회 전체의 이익으로 포장하기 마련이다. 그 '포장'이 얼마나 교묘하고 설득력 있는가가 바로 지배계급의 역량을 재는 지름길이다. 따라서 유능한 지배계급은 피지배계급의 '급소'와 '성감대'가 어디인지 귀신같이 파악한다. 대영제국의 신화는 무력으로만 이루어진 게 결코 아니었다. 식민지에 관한 방대한 지식의 집적이 있었기에 비로소 가능했다. 이렇게 피지배계급에 대한 지식이야말로 지배계급이 최소한의 비용으로 자기 이익을 관철할 수 있게 만드는 열쇠다. 그런데 이명박 정부, 그리고 한국의 부자를 보면 도무지 지배계급의 역량이란 걸 눈 씻고 봐도 발견할 수 없다. 지배계급이 이렇게 무식한데 어떻게 이들이 대한민국을 지배할까. 당연한 이야기지만, '지배당하는' 사람들의 의식에도 심각한 문제가 있기 때문이다.

대개 한국의 부자는 "평등주의 근성이 나라를 망친다"라고 말한다. 여기서 나라 망친다는 건, 자기가 망한다는 의미다. 그러나 그건 '한국형 평등주의'가 얼마나 부자에게 유리한 이념인지 모르고 하는 소리다.

자기 존재를 배반하는 피지배계급의 의식

일반적 의미에서 평등주의는 "너무 많이, 혹은 너무 적게 갖는 건 불공평하다"라는 것이다. 반면 한국형 평등주의는 "나도 부자가 되어야 한다"이다. 자매품으로 "내 새끼도 서울대 가야 한다"와 "나도 MBA 따야 한다" 등이 있다. 즉, 일반적 평등주의는 '사회 전체의 비대칭'을 문제 삼는 데 비해, 한국적 평등주의는 '부자와 나의 비대칭'만 문제 삼는다. 전자의 처지에 서면 필연으로 부자가 가진 것을 일정 부분 빼앗아올 수밖에 없다. 그래야 못 가진 자에게 분배할 테니까. 그러나 후자의 처지에 서면 그런 일이 벌어질 수 없다. 부자들의 것을 빼앗는 것은 곧 자신의 숭고한 목적을 훼손하는 짓이기 때문이다. 서점에서 '부자 되기' 처세서가 불티나게 팔리는 데는 다 이유가 있다.

그리하여 한국형 평등주의는 부자가 되기 위해 가난한 사람이 더 가난한 사람을 수탈하는 상황을 야기하고, 부자에게는 어떤 위험도 초래하지 않는다. 이명박 대통령 당선에 결정적 구실을 한 게 바로 이것, 한국형 평등주의였다. 존재를 배반하는 피지배계급의 의식이 그렇게 지속적으로 지배계급의 무능을 상쇄시키는 한, 지배-피지배 관계는 결코 변하지 않을 것이다. 이 슬프고 기묘한 균형이여.

―『시사IN』56호, 2008년 10월

촛불의 매트릭스
한국형 평등주의 보론

> 다같이 잘 먹고 잘 살 수 있다고 믿었던 아름다운 시절은 끝나버렸다. 이제 선택지는 둘 중 하나다. 부자 아빠냐, 아니면 자살하는 아빠냐. '먹고사니즘'은 그리하여 숭고의 영역에 올라서고, 밥벌이의 지겨움은 삶의 예술로 승화한다.

내가 만든 용어 중에 '88만 원 세대' 말고는 변변한 '히트 상품'이 없지만, 그나마 좀 알려진 게 '한국형 평등주의'다. 2008년 10월쯤 쓴 글이니까 촛불이 정점을 찍고 내려왔을 무렵이다. '촛불은 대체 무엇이었을까'를 고민하던 시기이기도 하다. 다시 간단히 설명하자면 이 독특한 평등주의는 '사회 구성원의 불평등'을 문제 삼기보다 '부자'와 '나' 사이의 불평등만 문제 삼는 평등주의를 의미한다. 다른 말로 하자면 '부자 아빠 평등주의', '이기적 평등주의'랄까. 꽤나 냉소적인 단어지만, 단지 냉소하기 위해 만들어낸 말은 아니다.

강준만은 "공적 영역과 공인에 대한 불신이 워낙 강한 한국 사람들이기에 사회문제에 있어서 개인이나 가족 단위로 각개약진하려고 한다"면서 '협동의 문화' 반대편에 '한국형 평등주의'를 놓는다. 물론 그런 의미가 없는 건 아니다. 하지만 한국형 평등주의의 원인과 그 결과를 좀 더 세밀하게 분석하지 않을 경우 그것은 언제든 '속류 한국학'이 될 위험에 처하게 된다. "공적 영역과 공인에 대한 불신이 워낙 강하다"라는 건 단지 현상을 다른 방식으로 기술한 것일 뿐, 한국형 평등주의의 원인이 아니기 때문이다. 또한 한국형 평등주의를 근대 한국인의 고유한, 그리고 나쁜 습속으로 환원해버리면 결국 협동의 문화를 기르자는 식의 계몽성 캠페인으로 귀결되고 만다.

그럼 한국형 평등주의, 부자 아빠 평등주의, 이기적 평등주의의 배경은 무엇인가. 한마디로 '중간계급의 양극화'다. 그 기원은 1997년 외환위기, 그리고 이와 연결된 개혁정권 10년에 있다. 과거 고도성장 기간 동안 서서히 거대한 하나의 '덩어리'로 뭉쳐졌던 중간계급은, 1980년대 중후반부터 단지 존재하는 게 아니라 자기 인식의 단계에 들어서기 시작한다. 정치적 자기 인식은 1987년의 민주화운동의 주요 동력 중 하나라는 사실로 집약되고, 사회문화적 자기 인식은 KBS의 1991년도 드라마 제목인 〈우리는 중산층〉으로 상징된다. '우리가 한국 사회의 주류'라는 자부심도 이때 형성되었다. 전통적인 블루칼라 노동계급 중 조직화한 일부는 중간계급적 라이프스타일로 점차 수렴되어갔다. 이때 한국에서 평등주의라는 것은 '전 국민이 중간계급이 되는 것'이다. 기준은 명백했고 자연스러웠다. 그러나 중간계급의 짧았던 '아름다운 시절$^{belle\ epoque}$'은 1997년 외환위기라는 외상적 사건에 의해 1차적으로 종결된다.

이후 10년, 이른바 개혁정권 10년은 극심한 사회경제적 구조 변화를 통해 '덩어리'가 해체되는 기간이었다. 그 와중에 중간계급 중 상당수가 저소득층으로 떨어졌고, 일부는 위로 올라섰다. 물론 중간계급을 유지하는 사람들은 적지 않았지만 이미 '소셜 스탠더드'로서의 의미는 사라져버렸다. 그렇게나 행복해 보이던 이웃집 아저씨가 정리해고당해 옥상에서 뛰어내리고, 멀쩡히 잘 살던 친척이 카드빚으로 노숙자가 되는 걸 두 눈으로 목격했기 때문이다. 삶 자체의 불안이 쓰나미처럼 덮쳐왔다. 약육강식과 승자독식이 새로운 삶의 문법이 됐다는 사실을 사람들은 철저히 깨닫는다. 다같이 잘 먹고 잘 살 수 있다고 믿었던 아름다운 시절은 끝나버렸다. 이제 선택지는 둘 중 하나다. 부자 아빠냐, 아니면 자살하는 아빠냐.

'먹고사니즘'은 그리하여 숭고의 영역에 올라서고, 밥벌이의 지겨움은 삶의 예술로 승화한다. 일본의 저널리스트 출신 저술가인 이시카와 마스미가 기성세대가 된 전공투 세대가 일상에서 보여주는 행태를 '생활보수주의'라 이름 붙인 적이 있다. 중간계급이 된 소위 386세대의 먹고사니즘은 생활보수주의와 절묘하게 겹친다. 모두가 평등한 사회를 위해 운동했던 그들조차 이제 부자와 나 사이의 불평등에만 반응한다. 그러면서 이제 이념의 시대는 끝났고 경제의 시대라고 말한다. 아직도 평등과 해방을 말하는 친구들에게는 이렇게 이야기한다. "친구야, 밥은 먹고 다니냐?" 아직도 냉전 이데올로기에 사로잡힌 '수구꼴통'들에겐 이렇게 이야기한다. "우리 사람은 못되도 괴물은 되지 맙시다." 이런 식의 '합리성'과 '가치중립성'은 어디에서 비롯되는가. 그것은 대타자를 향한 믿음에서 비롯된다. 그 대타자는 미국도 아니고 옛 소련도 아니다. 그것은 바로 시장 규율이다.

한국형 평등주의는 단순히 개인의 이기심을 노골적으로 노출해서 문제인 게 아니다. 한국인이 '신자유주의적 시장 규율을 내면화하는 방식'을 보여주기 때문에 문제적인 것이다. 정치를 '평등의 과정'이라 정의할 때(랑시에르), 한국형 평등주의는 정치를 대체하는 논리로 기능한다. 물론 당위적 차원에서는 시장 논리가 정치를 대체할 수 없다는 것을 모든 사람이 알고 있다. 하지만 1997년, 그리고 이후 10년의 경험칙이 그 당위를 정면에서 부정한다. 1987년의 에너지가 탄생시킨 정치권력이 시장권력을 통제할 의지도 능력도 없었다는 사실을 머리가 아닌 피부로 절감했을 때, 생활인들은 현실을 깨닫고 분노하는 게 아니라 자기 삶의 규율을 바꿔 적응하려 한다. 개인적 차원에서 적응의 규율이 일종의 상식으로 일반화되었을 때, 이것은 사회적 차원에서 적응하려 하지 않는 자, 혹은 집단에 대한 배제의 논리로 표현된다. 따라서 한국형 평등주의가 가리키는 것, 또는 그 필연적 결과물은 이것이다. '정치가 불가능해지는 지점', 그리고 탈정치의 이데올로기적 조건.

  탈정치는 제도정치(국회의원들의 활동 등등)와 공공성에 대한 혐오와 냉소에서 곧장 발생하는 게 아니다. 그것은 언제나 경제라는 영역과 정치라는 영역 간의 '관계'에서 출현한다. 요컨대 정치권력이 압도적 시장의 힘에 의해, 그리고 오직 그에 대비되어서만 상대화된다는 것이다. 이때 경제와 정치의 선언적 분리―물론 이 분리는 논리적으로나 현실적으로나 불가능하다―가 선행한 다음, 경제에 대한 정치의 개입이 더는 정당화되지 못하는 시점, 다시 말해 경제는 보편성을 획득한 반면 정치는 주관성, 당파성, 부패와 불투명성, 사익 추구로 프레이밍되었을 때 비로소 탈정치가 현현하는 것이다. 이런 관점에서 볼 때 2008년 촛불집회의 슬로건이었고 주제였던 헌법 제1조가 기묘하게 해석될 가능성이 열린다. 알다시피 헌법 제1조 1항과 2항은 다음과 같다. "대한민국은 민주공화국이다. 대한민국의 주권은 국민에게 있고 모든 권력은 국민으로부터 나온다."

혹자는 헌법 제1조가 촛불집회에 등장한 걸 두고 "모호하긴 하지만 그래서 오히려 정치의 가능성을 열어주는 무엇"으로 보기도 하지만, 과연 그럴까. 헌법은 사실명제의 형태로 당위명제를 주장하고 있다. 헌법 제1조 2항이 사실명제라면 아마 이래야 할 것이다. "대한민국의 주권은 시장에 있고 모든 권력은 시장으로부터 나온다."

"권력은 시장으로 넘어갔다"라는 노무현의 선언은 정치가로서 무책임한 것이었지만 관찰자로서 정직한 것이었다. 말을 안 해서 그렇지 대부분의 국민도 알고 있는 사실이다. 만약 "모든 권력이 국민으로부터 나온다"는 말을 중간계급이 정말로 관철해야 할 당위로 '믿었다면', 헌법 제1조를 목 놓아 외칠 필요조차 없다. 100만 명이 청와대로 몰려가서 그냥 권력을 접수하면 된다. 중간계급은 헌법이라는 낡은 대타자를 온전히 '믿지' 못한다. 신자유주의적 시장 합리성이 내면화되어 있기 때문이다. 실은 이것이 진짜 문제다. 그러므로 촛불시민들이 헌법 제1조를 노래하며 이명박에 분노했던 진짜 이유는 이런 게 아니었을까. "이명박 대통령, 당신은 사실 최고권력자가 아니야. 왜냐하면 권력은 시장으로 넘어간 지 오래거든. 넘버투 주제에 우릴 이렇게 무시해?" 제1권력인 시장권력과 매 순간 소통하는 소비자-시민 입장에서 귀와 눈을 틀어막은 저 이명박이란 이름의 정치권력은 얼마나 분통 터지는 존재인가.

촛불은 중간계급의 불안이 물화한 사건이다. 그 불안은 정확히 말해서 계급적 인식에 의한 것은 아니었다. 그보다는 이명박이 '대한민국 주류 시민'의 신념 체계를 훼손했다고 믿었기 때문이었다. 위에 서술한 것처럼 그 신념 체계는 민주주의에 대한 소박한 믿음 따위가 아니라 내면화된 시장 합리성이다. 중간계급에게 이명박은 오소독스한 시장주의자이긴커녕 글로벌 스탠더드를 완전히 무시하고 권력을 사적으로 전유하려는 자였다. 희망적인 건—이걸 희망이라 부를 수 있는지는 모르겠지만—그 합리성만으로는 이명박을 거꾸러뜨릴 수 없다는 게 증명됐다는 점이다. 촛불에 참여한 중간계급 중 일부가 노동계급의 문제에 관심을 갖기 시작한 점은 그래서 의미 있는 것이다.

— 〈박권일 블로그 xenga.tistory.com〉, 2009년 5월

내가 먹고사는 문제가 중요한 까닭

내가 먹고사는 문제야말로 가장 공적인 문제라는 인식, 그것이 '나의 전쟁'과 '당신의 전쟁'을 '우리의 전쟁'으로 만들고 함께 싸워 이길 힘을 줄 수 있다.

자고 일어나면 대형 사고가 빵빵 터지는 대한민국에선 작년에 벌어진 사건도 아득히 멀어 보인다. 태준식 감독의 다큐멘터리 〈당신과 나의 전쟁〉은 어느새 사람들의 뇌리에서 잊혀버린 쌍용자동차 사태를 다시금 우리 앞에 생생히 소환한다. 장밋빛 투자 계획을 늘어놓으며 쌍용차를 인수한 중국 자본(상하이차)은 2009년 초, 투자 약속을 이행하기는커녕 자동차 제조 기술만 빼간 뒤 일방적으로 철수 선언을 한다. 중국 자본을 적극 끌어들인 정부도 아무런 책임을 지지 않았고, 이 모든 피해는 정리해고라는 형태로 노동자들이 뒤집어쓰게 되었다.

생존의 벼랑 끝에 몰린 그들은 결국 평택공장을 점거하고 기나긴 싸움을 시작한다. 이른바 '옥쇄파업'이라는 77일간의 처절한 싸움은 시민의 무관심 속에 고립됐고, 결국 경찰과 용역의 불법·무차별 폭력으로 진압된다. 노동자의 생존권을 건 큰 싸움이, 노조 단일 사건으로는 최대인 94명 구속이라는 쓰디쓴 기록을 남긴 채 패배로 끝나버렸다.

쌍용차 노동자들의 파업은 노무현 대통령 서거와 시기적으로 맞물려 있었다. 전국이 애도의 물결로 뒤덮인 상황에서 쌍용차 사태는 여론에서 증발해버렸다. 〈당신과 나의 전쟁〉에서 진보신당 당원 강상구 씨는 논평자로 등장해 이렇게 말한다. "전직 대통령이 돌아가셔서 애도하는 사람들의 마음속에 숨어 있는 생각 중 하나는 좋은 세상 만들자는 것이다. 그게 정말 올바른 것이었으면 그 물결이 쌍용자동차(공장) 앞에서 넘실거려야 했다."

먹고살기 힘든 평범한 서민에게 유감스럽게도 '쌍용차의 전쟁'은 '당신의 전쟁'이지 '우리의 전쟁'은 아니었다. 오히려 그들에게 '우리의 전쟁'은 노 전 대통령의 분향소를 이명박 정권이라는 '악惡'으로부터 지켜내는 것이었다. 하지만 그들에게 분향소를 지키는 등의 애도 행위는 '우리의 전쟁'은 될지언정 '나의 전쟁'은 아니다. 요컨대 오늘날 한국 사회에서 '당신의 전쟁'과 '우리의 전쟁', '나의 전쟁'이라는 말은 각각 다른 사회적 의미를 지닌다.

대부분의 한국인에게 '우리의 전쟁'은 공적인 것이며 대의명분의 문제이거나 좀 더 나아가서는 '숭고'의 영역에까지 이른다. 반면 '나의 전쟁'은 사적인 것이며 먹고사는 문제, 구질구질한 '세속'의 영역이다. '먹고사는 문제는 개인이 해결해야 하는 것'이라는 신자유주의적 담론과, '공과 사의 철저한 구분'이라는 고전자유주의적 담론, 거기에 '먹고사는 얘기 하는 건 천박한 짓'이라는 식의 이상한 유교 사상까지 기묘하게 뒤섞여 있는, 그야말로 한국적인 풍경이 아닐 수 없다.

서민과 빈곤층이 한나라당을 지지하는 모순

그렇기에 '나의 전쟁'은 곧 '우리의 전쟁'이 되지 못한다. 다시 말해 한국 사회에서는 개인의 계급적·실존적 삶이 공공의 문제로 바로 '번역'되지 못한다. 그러므로 나 자신이 덕을 쌓거나 그게 아니라면 어떤 훌륭한 지도자가 내 전쟁의 정당성을 보증해주어야 나의 전쟁이 비로소 우리의 전쟁으로 승화될 수 있다.

내가 먹고사는 문제가 곧 사회문제이며 정치 의제라는 사실을 체감하지 못할 때, 참여정부의 신자유주의 정책으로 가장 피해를 본 서민과 빈곤층이 노무현 대통령을 그리워하고 심지어 한나라당을 지지하는 모순이 벌어진다. 사회 약자니까

지지하고 연대해야 한다는 식의 태도는 그 자체로 아름답지만 오래 지속되기는 어렵다. 내가 먹고사는 문제야말로 가장 공적인 문제라는 인식, 그것이 '나의 전쟁'과 '당신의 전쟁'을 '우리의 전쟁'으로 만들고 함께 싸워 이길 힘을 줄 수 있다.

— 『시사IN』 135호, 2010년 4월

우리 욕망을 식민화한 강남

두려워해야 하는 것은 한나라당에 몰표를 주는 강남이 아니라 우리의 욕망을 식민화한 강남이다. 철저히 서열화한 이 사회적 구조는 쉽게 깨지지 않는다.

이번 서울시장 선거 개표 상황은 초박빙의 접전이었다. 선거 기간 중 여론조사는 오세훈 후보의 압도적 우세를 거듭 확인해주었다. 하지만 뚜껑을 열어보니 웬걸, 아주 근소한 차이로 엎치락뒤치락하는 게 아닌가. 여론조사가 전혀 믿을 게 못 된다는 사실을 절감하며, 많은 이가 손에 땀을 쥐고 개표를 지켜봤다. 초반에는 한명숙 후보가 미세하게 앞서는 듯 보였다. 그러나 새벽이 되자 상황이 급변한다. 부자가 많이 사는 강남·서초·송파 등 이른바 '강남 3구'의 개표가 진행되자 엄청난 표가 오 후보에게 쏟아졌다. 오 후보는 강남 일부 지역에서 거의 60% 가까이 득표했다. 선거가 끝나고 재선에 성공한 오세훈 시장에게 '강남시장'이라는 비아냥이 쏟아졌다. 오세훈 측은 "강남 득표율이 과거에 비해 오히려 떨어졌다"라며 억울함을 호소했지만, 그건 오히려 강남의 표심이 지속적이고 뚜렷이 특정 정치세력에 몰표를 주고 있었다는 사실을 재확인해주는 증거일 수 있다.

강남 몰표 현상이 다시 도드라지자 강남에 대한 '비非강남'의 정서적 반발도 더욱 격해졌다. 그것은 차라리 오싹한 두려움에 가까웠다. 자기 이익을 누가 대변하는지를 아는 데 그치지 않고 실력 행사를 통해 자기편을 반드시 당선시키고야 마는 그 철두철미함에 사람들은 기가 질렸다. '서울시장 선거는 강남 대 대한민국의 대결'이라는 어느 누리꾼의 규정이 인터넷에서 많은 사람의 호응을 얻은 것도 이런 정서 때문이었다. 그러나 정말로 강남의 부자들이 일사불란하게 단결해 자신의 이익에 따라 철저히 계급투표를 하는지는 아직 충분히 검증된 적이 없다.

다만 확실하게 말할 수 있는 건, 이렇게 강남을 악마화하고 '게토ghetto, 과거 유럽의 유대인 격리 지역'로 만드는 것이 결코 현명한 대응이 아니라는 점이다. 그 이유 중 첫째는 사회의 파워 엘리트가 가장 많이 모여 사는 지역이 게토가 되는 건 불가능하다는, 어찌 보면 맥 빠지게 당연한 사실에 있다. 혁명이 일어나지 않고

서야 비주류가 주류를 배제한다는 게 대체 가당키나 한 소리인가. 둘째는 '강남 대 대한민국'이라는 대결구도가 부각될수록 그 밑바닥에 흐르는 본질적인 지점들, 즉 사회 모순의 진정한 원인이 은폐되기 쉽다는 점이다. 예컨대 비정규·불안정 노동문제에서 강남과 비강남의 구분이 무슨 의미가 있을까.

강남이 아니어도 행복해지려면

강남이 한국 사회의 '문제적 공간'인 까닭은 따로 있다. 한국인의 사회적 선망을 독점하는 공간이라는 점이다. 경제적 성공의 중요한 기준은 강남 요지에 아파트를 갖고 있느냐 아니냐다. 강남은 경제적 성공뿐 아니라 문화적 취향, 심지어 신체적 우월성까지 상징하는 곳이 됐다. 진보 인사들은 '공익 차원'에서 강남을 욕하다가도 자식 교육을 위해 빚을 내 강남으로 이사 간다. 정말 두려워해야 하는 건 한나라당에 몰표를 주는 강남이 아니라 이렇게 우리의 욕망을 식민화한 강남이다. 마치 서울대를 정점으로 한 학벌 피라미드처럼 강남을 정점으로 철저히 서열화한 이 사회적 선망의 구조는 비판하고 욕한다고 해서 깨어지는 것이 아니다. 정당한 비판마저도 선망과 질투의 표현이 되고 마는 탓이다. 강남 선망을 깨는 유일한 무기는 '강남이 아니어도 행복한' 사람이 지금보다 많아지는 것이다. 물론 귀농이나 대안학교 같은 형태의, 새로운 삶을 향한 실험은 중요하지만 이것만으로는 충분치 않다. 결국은 정공법으로 강남 선망의 뿌리를 끊어내야 우리에게 미래가 있다. 최소한의 존엄을 위한 보편적 복지를 둘러싼 싸움, 예를 들어 무상급식과 기본소득 제도를 관철하는 싸움이야말로 '강남이 아니어도 행복한 사회'로 가는 가장 시급하고 필수적인 과제다.

—『시사IN』 144호, 2010년 6월

위키리크스가 폭로한 진짜 '비밀'

유출된 기밀들은 이 세계의 질서가 '빅 브라더' 같은 전능한 시스템에 의해서가 아니라 수많은 권력의 비이성과 우발성에 의해 유지됨을 보여줬다.

시사 주간지 『타임』의 2010년 '올해의 인물'에 소셜 네트워크 사이트 '페이스북'의 설립자 마크 주커버그가 선정됐다. 『타임』의 '올해의 인물'은 세계적으로 중요하게 다뤄진 의제를 폭넓게 살펴보는 척하다가 최종적으로는 자기들 입맛에 딱 맞는 인물만을 낙점하는 편협성으로 악명이 자자한데, 올해도 예외가 아니었다. 주커버그라니!

2010년 올해의 인물은 누가 보더라도 단연코 지구 전체를 충격과 경악으로 몰아넣은 위키리크스Wikileaks의 설립자 줄리언 어산지였다. 여기서 잠깐, 우리는 『타임』 독자들을 대상으로 한 투표에서 어산지가 엄청난 표차로 '올해의 인물' 1위를 했다는 데 주목해야 한다.

슈퍼 히어로와 안티 히어로의 대결

해커이자 저널리스트인 줄리언 어산지가 설립한 위키리크스는 미군의 바그다드 공습 영상 등 충격적인 극비 자료를 공개하기 시작하면서 순식간에 '거대한 전선'이 되었다. 기밀 공개에 의해 치부가 노출된 사람·조직·국가들은 기를 쓰고 위키리크스를, 그리고 상징적 존재이자 실질적 운영자인 어산지의 신변을 확실한 통제 아래에 두기 위해 그물을 치고, 함정을 파고, 숨통을 조이기 시작했다.

전 세계에 실시간으로 중계되다시피 한 이 추격전은 본질적으로 슈퍼 히어로와 안티 히어로의 대결이었다. 노엄 촘스키 같은 양심적 지성이나 마이클 무어 같은 영리한 자유주의자들이 탄압받는 슈퍼 히어로의 편에 섰다. 안티 히어로 진영은 악당 특유의 음험한 침묵과 이면의 집요한 행동력을 유감없이 드러냈다. 한마디로 형식미 측면은 완벽에 가까웠다. 문제는 위키리크스가 폭로한 기밀의 내용이었다.

위키리크스에 유출된 절대다수의 기밀들은, 우리가 살아가는 이 세계의 질서가 실은 '빅 브라더'나 '매트릭스' 같은 전능하고 억압적인 시스템에 의해서가 아니라 수많은 권력의 비이성과 우발성에 의해 유지되고 있음을 보여주는 것이었다. 거기에는 냉정한 판단력과 철의 규율을 갖추고 주도면밀하게 세계 질서를 뒤에서 조종하는 프리메이슨이나 성당 기사단 같은 엘리트 집단 대신에 날마다 이웃 나라 외교관 '뒷담화'나 해대는 한심한 관료들이 있을 뿐이었다.

국가를 운영하는 지배계급들은 논리는커녕 최소한의 일관성도 없는 데다가 거듭되는 현실의 교훈에도 불구하고 이상한 열정에 이끌려 정책 실패를 반복하기 일쑤였다. 위키리크스가 보여준 건 세상이 굴러가도록 만드는 어떤 심오한 비밀이라기보다는 '그런 비밀 같은 건 없다'는 허탈한 진실이었다. 어산지는 권력자들의 거짓과 기만을 폭로하겠다는 단순한 열정으로 이 일을 시작했지만 그 단순한 열정이 드러낸 것은 복잡한 현실 속 역학이었고, 체제의 기만성이라기보다 차라리 허약성이었다. 드러난 그 허약성은, 역으로 인민들의 자기 지배에 대한 자신감을 강화할 수도 있다.

어떤 좌파들은 위키리크스가 자본주의 체제의 위협이 아니라 좀 덜 나쁜 자본주의, 좀 더 합리화된 자본주의를 위한 운동일 뿐이라고 한계를 지적한다. 실제로 줄리언 어산지는 2010년 11월 29일 『포브스』 인터넷 판에 실린 인터뷰에서 "당신은 자유로운 시장의 지지자인가?"라는 질문에 "전적으로 그렇다 Absolutely"라고 답한 바 있다. 그는 또 "위키리크스는 더 자유롭고 윤리적인 자본주의를 만들기 위해 설계되었다"라고도 말했다.

그러나 자본주의를 정상화하기 위한 영웅적 노력이 그 의도와 달리 자본주의를 파국으로 이끌 거라 상상하지 못할 이유는 없다. 당신이 만약 좌파라면, 팔짱을 낀 채 이죽대기보다 이 '순진한 자본주의자'와 어깨를 겯고 함께 싸워야 한다.

―『시사IN』 173호, 2011년 1월

'잠수함의 토끼' 최고은 씨

빈곤 속에 숨진 시나리오 작가를 '꿈만 좇는 철부지'라 부르는 건 턱도 없다. 그녀는 승자독식 논리가 가장 첨예한 문화산업 현장에서 악전고투해왔다.

서른두 살 시나리오 작가 최고은 씨가 홀로 빈곤과 병마에 시달리다 세상을 떠났다. 이웃집 문에 붙여놓은 마지막 메시지는 "창피하지만 남은 밥과 김치가 있으면 저희 집 문 좀 두들겨주세요"였다. 많은 이들이 가난한 예술가의 비극에 놀라고 슬퍼했다. 그녀의 동료들은 이 죽음을 사회적 타살로 규정했다. 영화 스태프들의 열악한 처우에 대한 이야기가 다시금 이슈가 되었다. 복지 체계의 미비함을 비판하는 목소리도 나왔다. "이게 다 MB 때문"이라는, 지하철 안내 방송만큼 감흥 없는 이야기도 반복되었다.

그런데 정작 내 주의를 끈 것은 최 씨의 부고 기사 아래에 붙은 인터넷 댓글들이었다. 명복을 비는 댓글 사이사이로, 고인을 질책하고 훈계하는 댓글이 끝없이 매달렸다. 몸이 그 지경이 될 동안 왜 아무것도 하지 않고 집에서 글만 쓰고 있었는가, 재능이 없다 싶으면 포기해야지 왜 맨땅에 헤딩을 하는가, 이웃에 밥 달라는 쪽지 쓸 힘이 있으면 어디 가서 아르바이트라도 했어야지…….

당사자를 원색적으로 욕하는 전형적인 인터넷 악플이라고 보기는 힘들었다. 그 댓글들에는 공통점이 있었다. 최고은 씨를 '세상 물정 모르고 꿈만 좇는 철부지'로 치부한다는 점이었다. 이는 곧, 노동을 바라보는 우리 시선이 어디에서 균열되었는지를 보여주는 것이기도 하다. 뭔가 창조적인 일, 본인이 원해서 하는 일은 노동이 아니라는 통념 말이다.

"너는 하고 싶은 일 하는 거잖아." 영화 노조를 하는 이에게 비정규 투쟁 하는 이가 했다는 말이다. 그 뒤에 생략된 말은 아마 이것이겠다. "그러니 너보다 내가 더 고통 받는 노동자야." 그래도 비정규 투쟁 하는 이는 낫다. 영화 만드는 일 역시 '노동'이라고는 생각하니 말이다. 많은 평범한 사람에게 음악이나 영화 같은 문화산업 종사자들은 대체로 둘 중 하나로 인식된다. 경천동지할 작품으로 세상을 감동시키는 예술가이거나, 아니면 제 앞가림도 못하는 백수건달이거나. 물론 대부분 후자 쪽이다.

'예술하는 베짱이' 비웃는 '노동하는 개미'

저 수많은 백수건달을 조롱하고 비웃을 수 있는 근거는 이른바 '등가교환'의 노동 윤리다. 내가 지금 겪는 고통만큼 나중에 쾌락을 얻을 수 있다는 보상심리며, '공짜 점심은 없다'는 자기 확신이다. 그리하여 사람들은 '노동하는 개미'의 편에 서서 '예술하는 베짱이'를 의기양양하게 단죄한다. "하고 싶은 일, 즐기면서 할 수 있는 일이면 돈 좀 적게 받아도 되는 거 아냐?" 하지만 사실 내가 지금 유예한 쾌락이 나중에도 남아 있을 거란 보증은 전혀 없다. 또한 내가 지금 겪는 고통이 보상받으리란 보장은 어디에도 없다. 힘들게 한 노동이 더 가치 있는 노동인 것도 아니다. 힘들게 하든 즐겁게 하든, 그 결과물은 사회적으로 가치가 매겨질 뿐이다. 오히려 즐겁게, 자발적으로 한 작업의 부가가치가 더 큰 경우가 많다. 바로 그래서 신자유주의는 노동자가 노동자에 머물지 말고 스스로 경영자가 되어야 한다고, 더 나아가서 '예술가'가 되어야 한다고 역설하는 것이다.

따라서 최고은 씨에게 '꿈만 좇는 철부지'라 말하는 건 턱도 없는 소리다. 그녀는 자본주의의 승자독식 논리가 가장 살벌하고 첨예하게 관철되는 문화산업의 장에서, 누구보다 치열하게 악전고투해온 사람이었기 때문이다. 수병들에게 산소가 부족하다는 사실을 먼저 알리고 죽는 잠수함의 토끼처럼, 최고은 씨와 달빛요정 같은 예술가들은 우리 앞에 펼쳐질 지옥도를 이렇듯 온 힘을 다해 경고해주고 있다.

—『시사IN』 179호, 2011년 2월

소셜 맥거핀

'소셜 맥거핀'은 대부분 국익이나 공익을 빙자해 출현한다. 이것이 범람할수록 쌍용차 해고 사태 같은 우리가 주목해야 할 '진짜 적대'들이 은폐되거나 왜곡된다.

두 사람이 스코틀랜드행 열차를 타고 가다가 한 사람이 선반에서 짐을 발견한다.

"저게 뭐요?"

"아, 그거 맥거핀입니다."

"맥거핀이 뭐요?"

"스코틀랜드 고지대에 사는 사자를 잡기 위한 도구죠."

"스코틀랜드 고지대엔 사자가 없는데요?"

"음, 그렇다면 맥거핀은 아무것도 아니군요."

영화감독 앨프리드 히치콕의 유명한 발명품 중 하나인 맥거핀에 관한 일화다. 영화에 관심 있는 이들은 한 번쯤은 들어봤음 직한 용어다. 맥거핀은 영화의 줄거리에서 별다른 의미가 없지만 관객의 눈을 잡아끌며 긴장을 고조시키는 구실을 한다. 예컨대 관객만 알고 있는, 탁자 밑의 폭탄 같은 것들이다. 여기에서 하려는 얘기는 영화 속 맥거핀은 아니고, '소셜 맥거핀Social Macguffins'에 대해서다. 물론 내가 지어낸 말이다. 줄여 부르기도 좋지 않은가, '소맥!'. 글자 그대로 '사회적 맥거핀'인데, 한마디로 정의하자면 '사이비 적대pseudo hostilities'다.

우리가 살아가는 사회는 계급·젠더·인종 등 수많은 적대가 중첩되거나 교차하면서 사회적 적대 관계의 모자이크를 이루고 있다. 소셜 맥거핀은 이런 첨예한 적대들과 달리 실체가 없거나 매우 사소한 적대인데도 엄청난 사회적 갈등인 양 부풀려진 것들이다. 당연한 이야기지만 소셜 맥거핀이 범람할수록 용산 참사나 쌍용차 해고 사태 같은 우리가 주목하고 귀 기울여야 할 '진짜 적대'들은 은폐되거나 왜곡되기 쉽다.

사이비 적대의 가장 극적인 판본들이 박정희 정권과 노무현 정권 시기에 있었다. 박정희 정권의 베트남(월남) 파병이 본격화하기 직전인 1965년, 당시 국회의원이던 차지철이 느닷없이 베트남 파병 반대에 나섰다. 대미 교섭 효과를 극대화하려 박정희가 측근인 차지철에게 '쇼'를 하라고 지시했던 것이다. 이런 내부 갈등 연출은 박정희의 특기였는데, 1963년 3월의 이른바 '군 일부 쿠데타 음모 사건'이 그 시초였다. 박정희가 민간인 정치 해금을 추진하려 하자 군 일부가 반발해 박정희를 죽이려 했다는 내용이었다. 물론 이것은 박정희가 이른바 '특단의 조치'를 취하기 위한 명분 쌓기 용도였다. 박정희가 실제로 살해될 뻔했다는 증거는 어디에도 없다.

이에 비견되는 노무현 정권 시기의 소셜 맥거핀 역시 파병 건이었다. 당시 국회의원 유시민의 행보는 차지철과 비슷하면서도 달랐다. 어떤 때는 대통령의 대미 협상 부담을 덜기 위해 국민들이 파병에 반대해줘야 한다고 말했다가, 그 후에는 "네오콘의 보복" 운운하며 파병에 찬성하기도 했다.

'진심이 만들어낸 가짜'가 판치기 좋은 한국 사회

유시민의 소셜 맥거핀은 고정된 형태가 아니었다. 그것은 반대 여론의 국면에 따라 이라크 파병 반대와 찬성을 오락가락하면서 가짜 전선을 만들어냈고, 우리 군인의 생명과 김선일 씨의 죽음을 놓고 반전 평화 세력이 그은 전선을 집요하게 교란시켰다. 또 하나의 사례로는 황우석 사태 당시 홍혜걸 『중앙일보』 의학 전문기자의 '국론 통일' 주장이 있다. "선진국이 한국 과학기술의 발전을 질투해서 황우석 흠집 내기에 나선다"라는 식의 논리였다. 한국과 선진국 사이에 가짜 적대를 설정해 사람들을 호도한다는 점에서 이 또한 전형적인 소셜 맥거핀이었다.

   소셜 맥거핀은 이처럼 대부분 국익이나 공익을 빙자해 출현한다. 주의해야 할 점은, 대다수 소셜 맥거핀이 숭고한 내적 동기로부터 탄생한다는 점이다. 툭하면 있지도 않은 내부 갈등을 조작했던 박정희조차 그런 거짓말을 한 목적이 뭐냐고 물으면 "조국과 민족의 번영을 위해서"라고 망설임 없이 답할 것이다. 확신하건대 100% 그의 진심일 것이다. 소셜 맥거핀은 '그럴듯한 가짜'일 뿐 아니라 '진심이 만들어낸 가짜'다. '진정성' 같은 심정 윤리를 통해 사회문제를 판단하길 좋아하는 한국 사회야말로, 소셜 맥거핀이 자라날 최적의 토양인 셈이다.

—『시사IN』 183호, 2011년 3월

타워 크레인이 끌어낸 재벌의 '생얼'

한진중공업 사태는 어떤 진실을 새삼 환기한다. 이런 일이 언제든 우리 자신에게 일어날 수 있다는 점이다. 김진숙 씨는 결국 우리 모두의 싸움을 감당하고 있다.

2003년 11월 어느 저녁, 나는 한진중공업 85호 크레인에 있었다. 밤바람이 불 때마다 크레인은 끼드득 이빨을 갈며 비틀댔다. 내 손발도 사시나무처럼 떨렸다. 숨 막히는 폐소공포와 아찔한 고소공포의 지옥. 노동자 김주익 씨가 목숨을 끊은 조종실에서 나는, 그의 마지막 공간을 지키던 동지들과 인터뷰를 했다. 그때는 꿈에도 몰랐다. 8년이 지나서도 이 지옥이 여전히 지속될 줄은. 김주익 씨의 친구 김진숙 씨가 저 크레인에 올라가 친구보다 오랫동안 농성을 하게 될 줄은······.

노동운동에 한 다리라도 걸친 사람치고 김진숙 이름 석 자

모르면 간첩이다. 그녀는 스물한 살 때 최초의 여성 용접공으로 한진중공업에 입사한 노동자고 평생 노동운동에 헌신한 운동가다. 공식 직함은 민주노총 부산지부 지도위원. 노동운동 진영에 속하지 않은 사람들조차 '김 지도'의 연설과 문장을 접하면 끝내 닭똥 같은 눈물을 뚝뚝 흘리고 만다. '진정성' '호소력'이라는 걸 손으로 만질 수 있다면, 그 결정체는 바로 김진숙 씨 같은 이일 것이다. 바로 그 김진숙 씨가, 2011년 1월 초 김주익 씨의 85호 크레인에 혼자 올라가 농성을 시작했다. 벌써 170일이 넘었다. 김진숙 씨가 크레인에 오른 이유는 김주익 씨가 크레인에 올라간 이유와 똑같다. 노동자 수백 명을 또다시 잘라내려는 한진중공업에 맞서기 위해서다. 수개월째 지속된 한진의 상황을 대다수 언론이 외면했지만, 트위터와 같은 매체를 통해 김진숙 씨의 외로운 싸움이 차츰 알려지기 시작했고 무언가 흐름이 바뀌었다. 적지 않은 시민이 '희망버스'를 타고 한진중공업 영도조선소로 내려갔다. 경찰과 용역의 폭력으로부터 김진숙 씨와 85호 크레인을 지키기 위해서였다.

한진중공업 사태를 들여다보면 볼수록, 이것이 예외적이고 특수한 사건이 아니라 대한민국의 구조적이고 보편적인 문제임을 절감하게 된다. 자본주의 사회에서 노동자의 투쟁은 제아무리 그것이 이기적인 밥그릇 싸움이라 하더라도—그 말 자체가 잘못이지만 결국 진보성을 띨 수밖에 없다. 자본의 축적과 분배, 유통 과정을 들여다보게 만들기 때문이다. 이를테면 노동자 정리해고를 발표한 다음 날 한진 경영진이 주식배당금 174억 원을 챙기는 풍경 같은, 자본의 '생얼' 말이다.

한진중공업 노동자 투쟁이 격화된 이유

지난 10년간 한진중공업에서 노동자 투쟁이 격화된 원인은 노동자에게 있지 않다. 첫째 원인은 '돈을 벌어가지만 고용 같은 사회적 의무와 책임은 지지 않겠다'는 재벌의 탐욕과 파렴치함이고, 둘째 원인은 우리 사회에 그것을 제어할 제도적 장치가 사실상 전무하다는 것이다. 한진중공업의 경우 신규 수주 물량을 영도조선소에 주지 않고, 필리핀 수빅조선소에 몰아준다는 의혹이 제기됐다. 영도조선소와 수빅조선소를 모두 자회사로 거느린 지주회사 체제이기에 가능한 방식이다. 몰아주기가 사실이라면 요컨대 정리해고의 명분 쌓기를 위한 '조삼모사'에 불과한 기망 행위이므로 영도조선소 노동자의 해고는 위법이 된다. 그러나 이 조삼모사를 실제로 증명하고 제재하는 건 쉽지 않은 일이다.

   한진중공업이 보여주는 행태는 어떤 진실을 새삼 환기한다. '자본에는 국적이 없다'는 진실. 언제부터인가 '해외로 자본 철수 협박', '고용 회피', '조세 피난처 통한 탈세', '중소기업 쥐어짜기' 따위는 이른바 '글로벌'하게 덩치가 커진 한국 기업들이 공유한 습속이 됐다. 지금 한진중공업 노동자가 처한 상황이 언제든 우리 자신과 가족에게 일어날 수 있다는 얘기다. 사실은 지금 이 시각에도 누군가가 억울하게 해고당해 눈물을 흘리고 있을 터다. 김진숙 씨는 85호 크레인이라는 최전선에서 우리 모두의 싸움을 감당하고 있는 셈이다. 우리가 그녀의 투쟁에 '참견'이 아니라 '참전'해야 하는 유물론적 이유다.

―『시사IN』 199호, 2011년 7월

'슈퍼 갑'의 사회

지난 10여 년 동안 한국 사회는 슈퍼 갑의 사회로 전환되었다. MB 정권은 슈퍼 갑이 지배하는 사회의 결과다. 이를 깨뜨리는 출발점은 '을의 성찰'이다.

'슈퍼 갑'이라는 말이 있다. 갑이라면 계약서상 갑을甲乙 관계를 말할 때의 바로 그 갑이다. 알다시피 갑甲은 발주자요 상대적 강자, 을乙은 수주자요 상대적 약자다. 그런데 갑 앞에 '슈퍼'를 붙이는 건 뭘까. 속어니까, 어디에도 공식적인 정의 따위는 없다. 갑이란 말 대신 언젠가부터 '슈퍼 갑'이란 말이 더 많이 쓰이는 걸 보면, 이 말에 많은 사람이 공감할 만한 무엇이 있는 게 분명하다. 말이 쓰이는 맥락만 슬쩍 들여다봐도 감이 온다. 슈퍼 갑은 갑 중의 갑, 천상의 저 높은 곳에 계신 분이시다. 오늘도 저녁 선술집 탁자 위를 떠도는 한숨과 자조는 태반

이 슈퍼 갑 앞에 한없이 초라한 '을'의 신세 한탄이다.

"그쪽이 슈퍼 갑이니 어쩌겠어. 다 우리 잘못입니다, 하고 뒤집어썼지 뭐." "비용을 반이나 삭감했는데 찍소리도 못 했네. 우리 말고도 하겠다는 회사 줄 섰다잖아. 참, 사는 게 뭔지……." "이 바닥 돌아가는 게 잘못돼도 크게 잘못됐다는 걸 알지만 '이게 잘못됐소' 하고 나서질 못해. 고양이 목에 방울 달기랄까. 나섰다가 정 맞고 '아웃'되면 누가 책임질 건데?" 어디를 가나 비슷비슷한 이야기들. 그렇다. 자본주의 사회에서 갑을 관계가 어디 어제오늘의 일인가.

하지만 요즘의 갑을 관계는 옛날과는 조금 다른 것 같다. 과거에 여러 갑과 수많은 을이 있었다면 최근에는 극소수, 심지어 딱 하나의 갑과 수많은 을이 있다. 슈퍼 갑이 그냥 갑이 아니라 슈퍼 갑일 수 있는 것은 을에게 선택의 여지가 없기 때문이다. 특정한 시장 또는 분야에서 독점에 가까운 압도적 지배력을 지녔기에 도저히 거스를 수가 없는 것이다. 시장 독점적 재벌이 그 밑으로 굴비처럼 주렁주렁 엮인 중소기업을 착취하는 걸 들여다보면, 그야말로 '골수를 빨아먹는다'는 말이 수사로만 느껴지지 않는다.

지난 10여 년, 특히 김대중·노무현 정권의 신자유주의 개혁이 결정적이었다. 개혁, 때로는 진보를 자처했던 자들이 그나마 국가가 재벌을 제어할 수 있는 수단을 자진해서 쓰레기

통으로 처넣었고, 이른바 '선택과 집중' 논리를 통해 다양한 종이 살아남을 길을 원천봉쇄했다. 한국 사회는 슈퍼 갑의 사회로 완전히 전환되었다. MB 정권은 그저 슈퍼 갑이 지배하는 사회의 원인이 아니라 결과다.

대한민국 대표 슈퍼 갑은 어디인가? 두말할 것 없다. 삼성이다. 전통적 의미에서의 산업뿐 아니라 문화 산업도 상황은 비슷하다. 영화판을 보자. 요즘 CJ와 롯데에 정면으로 맞서면서 영화를 극장에 걸 수 있는 방법이 있는가. 이른바 '충무로 토착 자본'은 슈퍼 갑의 밑으로 들어갔거나 명맥을 유지하는 것만도 힘겨운 처지가 됐다.

사회가 약자를 동정하지 않는 이유

지식인은 이런 현실을 개탄한다. 독과점의 폐해를 비판하고 문화생태계의 종 다양성 논리를 들먹인다. 사실 이런 이야기도 나온 지가 오래됐다. 그러나 사람들은 좀처럼 약자 편을 들지 않는다. 이유는 간단하다. 약자가 더 나쁜 놈인 경우가 많기 때문이다. 우리는 경험으로 안다.

한국 재벌은 노동자를 세계에서 가장 지독하게 착취하지만, 한국 중소기업은 더 악랄하고 더 지독하게 착취한다는 것을. 노동의 관점에서 본다면, 중소기업은 그저 '후지고 작은 재벌'이고 '재벌이 못 된 재벌 워너비'일 뿐이다. 그들 편을 들어줄

이유가 있는가? 심지어 삼성은 학벌주의라는 측면에서는 그 어떤 기업보다 진보적이라는 평가를 받는다. 명문대 졸업장에 가장 환장하는 건 중견 기업, 혹은 중소기업이다. 그리고 명문대 출신이 퇴사하면 뒤에 대고 욕을 한다. "요즘 20대들 나약하고 이기적이라 대기업만 가려 한다"고 비난한다.

물론 갑보다 을이, 강자보다 약자가 더 문제라는 뜻은 아니다. 사회정의, 공적 가치에 대한 구체적 지향이 없는 독과점 반대, 다양성 논리는 공허하다는 것이다. '슈퍼 갑'의 사회를 깨뜨리는 출발은 '을의 성찰'이다.

—『시사IN』 203호, 2011년 8월

참을 수 없는 체제의 허술함

월스트리트 · 위키리크스 · 후쿠시마는 지금 이 세계를 설명하는 열쇳말이다. 이 말의 명령은 "이제 임계점에 도달했다. 스스로를 바꿔야 한다"라는 것이다.

지금 우리가 살고 있는 세계의 키워드는 'WWF'라고 생각한다. 월스트리트Wall Street, 위키리크스Wikileaks, 후쿠시마Fukushima의 머리글자다. 후쿠시마가 뭘 가리키는지는 금방 짐작이 갈 것이다. 인류 역사상 최악의 원자력발전소 사고가 일어난 곳이다. 그럼 월스트리트는? 세계 금융의 중핵이자 상징, 그리고 금융위기 이후 성난 시민들이 금융자본주의에 항의하며 사상 초유의 점거 시위를 일으킨 현장이다.

위키리크스도 이 둘 못지않게 유명하다. 줄리언 어산지 등의 활동가가 설립한 폭로 전문 웹사이트로, 2010년 본격적으로 미국 등 주요 국가의 극비 문서를 폭로하기 시작하면서 세계의 주목을 받았다.

후쿠시마 원전 사고와 월스트리트발 금융위기가 경고하는 바는 단지 핵 발전의 위험이나 금융자본주의의 해악에 그치지 않는다. 그것은 훨씬 묵직한 실존적 선택지를 함축한다. '자본 축적과 경제성장은 무한하다'는 모더니티의 정신, 그리고 '인간의 능력은 무한하다'는 도구적 이성에 대한 믿음. 무척 오래되었으면서도 서로 쌍둥이처럼 닮은 한 쌍의 신념 체계를 이제 포기할 때가 도래했다는 것이다.

21세기가 되었다. 여전히 인민은 엘리트를 냉소하면서도 능력 있는 리더에 대한 기대를 버리지 못한다. 위키리크스가 알려준 바, 장막 뒤에서 세계를 조종하는 악마적 권능을 갖춘 비밀결사 조직 같은 건 없었다. 거기엔 "내 동생은 뼛속까지 친미"라고 미국 대사에게 고백한 대통령의 형님이 있거나, 이웃나라 외교관 '뒷담화'나 하며 시간을 보내는 한심한 관료들이 있을 뿐이다.

세계는, 우리가 속한 이 시스템은 정말이지 상상도 못할 정도로 허술하게 굴러간다. 위키리크스의 폭로가 진정으로 의미하는 바는 이것이다. '참을 수 없는 체제의 허술함'.(『시사IN』 173호 '까칠꺼칠' 참조) 피땀 어린 노동이 일군 성과를 순식간에 공중으로 증발시켜버린 금융자본주의, 안전하다고 자신했지만 실은 통제할 수 없다는 게 밝혀진 핵에너지, 허술하다 못해 헛웃음이 나오는 정치 엘리트·관료 체제…….

전혀 다른 사건들이지만 세 가지 고유명사가 우리에게 던지는 명령은 공통적이다. "임계점에 도달했다. 누구에게도 기대지 마라. 우리는 우리 스스로를 바꾸어야 한다."

이제는 작동하지 않는 '낡은 적대' 해체해야

먼저 무엇을 할 것인가? 시급한 일은 더는 작동하지 않는 낡은 적대, 이를테면 '민주화 세력 대 산업화 세력' 같은 허구적 적대를 해체하는 것이다. 참여정부의 한미 자유무역협정^{FTA} 추진 과정이 보여준 것, 그리고 이명박 정부의 한미 FTA 비준 과정이 또다시 적나라하게 폭로한 사실은 무엇인가. 한나라당과 민주당의 싸움은 '맥거핀$^{Macguffin, 속임수·미끼}$'에 불과하다는 것이다.

그들이 연출하는 적대는 "긴장만 유발할 뿐 영화가 끝나고 엔딩 크레딧이 올라갈 때까지도 끝내 폭발하지 않는 폭탄" 같은 것이다. 우리의 진짜 전선은 이미 다른 곳에 그어져 있다. 그것은 신자유주의-금융자본주의 세력과 불안 노동자(프레카리아트) 사이에, 성장 제일주의와 급진적 생태주의 사이에, 엘리트주의적 자질론과 '누구라도 민주주의$^{anybody's\ democracy}$' 사이에 있다.

바로 이런 고민을 대한민국 사회에서 누구보다 깊이, 또 끈

질기게 붙들고 있는 잡지가 있다. 김종철 선생의 『녹색평론』이다. 창간 20주년을 늦게나마 진심으로 축하한다.

—『시사IN』221호, 2011년 12월

순진하다, 가족 로망스

가족이 아이를 지키는 최후의 보루이자 방파제라는 말은 옳다. 그러나 사회문제를 죄다 '밥상머리 교육'으로 환원시키는 이런 관점들과 결별해야 한다.

좀 뒷북이지만, 『시사IN』 221호 커버스토리 중 「아이를 극단으로 내모는 가족의 파괴」는 무척 흥미로운 기사였다. '전국 1등'을 강요당하던 고3 학생이 어머니를 살해한 충격적인 사건 직후의 기획이었는데, 내가 흥미를 느낀 것은 내용이라기보다는 형식, 그러니까 기사가 이슈에 접근하는 방식 때문이다.

기사는 "청소년 패륜 범죄가 '입시 중심 사회'의 문제이기 이전에 '가족 파괴' 문제에서 빚어진 비극"이라는 전문가 견해를 인용하면서 "결국 가족의 파괴가 문제였다"고 결론 내린다. 그리고 이렇게 덧붙인다. "고3이 행복을 위해 가장 중요하다고 생각하는 것은 바로 '가정의 화목과 가족의 건강(56.0%)'이었다. 아이들은 알고 있었던 것이다."

가족이 화목해야 아이들이 건강하다는 당위를 모르는 사람이 있을까? 아무리 세상이 '막장'이라지만 "행복을 위해 가장 중요한 건 돈이나 학벌"이라는 말을 남의 시선 의식하지 않고 당당히 내뱉을 수 있는 사람은 드물다. 오히려 행복의 조건으로 가족의 화목을 꼽은 아이들이 '겨우' 56%밖에 안 된다는 사실이야말로, 눈여겨봐야 할 지점이 아닐까?

승자독식과 약육강식의 법칙이 어떤 선진 자본주의 국가보다 철저하게 관철되는 한국 사회의 제도적·이데올로기적 억압을 놓아두고서, "그러니까 가족이 문제"라고 진지하게 말하는 건 너무 순진하다. 이는 현실과 당위의 어떤 괴리 때문에 발생하는 것 같다. 세계적으로도 유례가 드문 입시 경쟁 체제가 오랫동안 청소년과 그 부모에게 무시무시한 사회적 압력을 가하는 현실 속에서도 개별 가족은 '정상 가족'으로 제정신을 유지해야 한다는 당위 말이다. 사회문제를 죄다 '밥상머리 교육' 문제로 환원시키는 이런 관점은 한국 사회에서 매우 보편적인 인식 틀이기도 하다.

하지만 이제 임금님이 벌거벗었다는 것을 받아들여야 한다. 우리는 이미 알고 있다. 가족은 산산조각 나고 각개격파당했다. 한국의 중산층 가족이 '곰 같은 남편', '여우 같은 마누라', '토끼 같은 자녀'가 알콩달콩 모여 사는 신성불가침의 성역일 수 없게 된 지는 꽤 오래되었다. 대신 '기러기 아빠', 대치동 '돼지 엄마' 그리고 '엄마 친구 아들딸'이 우리 시대의 신성가족神聖家族이다. 중산층이든, 몰락한 중산층이든, 노동계급이든 마찬가지다. 돈이 없어서 그렇지, 절대다수의 아빠는 언제든 기러기가 될 각오가 되어 있고 엄마는 대치동으로 이사 갈 준비가 되어 있다.

이제 가족은 세상의 추위와 맹독을 방어해줄 수 있는 성역이 아니다. 한국의 대다수 가족이 아이를 사회의 경쟁 압력으로부터 보호할 힘을 여전히 가지고 있었다면 애당초 입시지옥이 사회문제가 되었을 리 없다. 그걸 알기에 점점 더 많은 가족이 입시 제도로부터, 아니면 아예 한국이라는 나라로부터 탈주하고 있는 게 아닌가.

'기러기 아빠' '돼지 엄마' '엄친아'라는 신성가족
"한 시간 더 공부하면 마누라 얼굴이 바뀐다"라는 문구를 재치 있는 입시 격언으로 킬킬대며 소비하는 사회에서, 아이들이 망가지는 게 가족의 파괴 때문이라고 말하는 건 그래서 의도치 않게 이데올로기적 기만이 되어버린다. 잔혹한 입시 경쟁과 승자독식 체제를 '어쩔 수 없는 현실'로 묵인하기 때문이다.

물론 가족이 아이를 지키는 최후의 보루이자 방파제가 될 수 있어야 한다는 주장 자체는 옳다. 그러나 우리가 은연중 가족의 역할로 기대하는 어떤 것들이 실은 지난날의 '가족 로망스'일 뿐이라는 사실을 냉정하게 직시해야 한다. 우선 추상적 당위들과 결별해야 한다. 현실을 조금이라도 바꾸기 위해서는 좀 더 구체적이고 직접적이어야 한다. 예컨대 이런 질문 말이다. "학업 스트레스로 멍들어가는 아이들의 마음을 위해 국가가 얼마만큼 돈과 시간을 썼고, 지금 쓰고 있는가?"

—『시사IN』 225호, 2012년 1월

잡감 다섯

88만원 세대, 그 이후

취업 고민 20대 '확인 사살'한 이명박

지금 한국은 미래를 살해하고 있다. 미래를 살해하는 사회에 파랑새는 없다. '88만 원 세대'라는 말에는 IMF 이후 10년간 중첩된 병폐들이 집약되어 있다.

장면 하나.

2006년 어느 날, 대학을 졸업한 청년이 취업을 못해 방황하고 있다. 이 친구는 번번이 입사시험에서 미끄러진다. 술을 잘 못 마시던 그가 부쩍 술이 늘었다. 눈가엔 '다크 서클'까지 생겼다. 보다 못한 선배가 '위로주'를 사기로 했다.

걱정스러운 눈빛으로 덕담이 오고 간다. "괜찮으냐?" "더 좋은 데 취직하려 그런 거다" 등. 그러다 누군가 이렇게 말했다. "너 말이야, 눈높이를 좀 낮추는 게 어때?" 말없이 술잔만 비우던 그가 이 말을 듣고 눈을 부릅뜬다. "차라리 눈알을 파버리고 싶다!" "지방대생, 운하에 삽질하러 가야 하나."

지금도 대한민국 곳곳에서 이런 풍경이 연출되고 있다. 이른바 '청년 실업'이라 부르는 사회현상이다. 21세기 한국 사회를 이야기할 때 빠지지 않고 등장하는 문제다. 1997년 외환위기(이른바 IMF 사태) 이후, 정확히는 2000년대부터 취직을 하려는 세대에게 모순이 집중되고 있다는 점에서 개인의 '눈높이' 문제가 아니라 한국 사회가 안고 있는 구조적 문제다.

최근 한나라당 이명박 대선 후보가 이 문제를 언급했다. 그는 지난 9월 12일 충청남도 목원대 취업박람회장에서 취업을 앞둔 대학생과 만났다. 그 자리에서 이 후보는 "세계 어느 선진국도 우리와 비교해 비정규직의 수가 그렇게 적은 것이 아니다. 눈높이를 조금 낮춰 여러 경험을 살리는 것이 좋다"고 주장했다.(「이명박의 청년 실업 대책은? "눈높이를 낮춰라"」)

이날 어떤 학생은 "수도권 학생에 비해 지방대 학생의 취업 길이 상대적으로 어려운 상황에 대한 대책이 있느냐"라고 물었다. 이 후보는 "여러분이 지방대를 나왔기 때문에 차별받는다는 것보다는 좀 더 긍정적인 생각으로 실력을 갖춰야 한다"라고 밝혔다. 기사 아래에 달린 댓글 중 상당수가 이 발언에 비판적이었다.

"당신의 말씀을 따라서 우리 지방대 학생은 분수에 안 맞는 욕심을 버리고 눈을 조금 낮춰 모두 노가다 전선에 뛰어들기로 맹세했습니다.""지방대생 전원 눈 낮춰서 삽 준비하도록. 운하 파러 가야지……"라는 이 후보의 인식에 대한 조롱과 지방대생의 자조 섞인 댓글도 눈에 띈다.

이런 반응은 당연하다. 이 후보의 발언은 마치 "요즘 20대가 철이 없어 배부른 투정을 하고 있다"는 질책으로 들리기 때문이다. 물론 이명박 후보는 진심에서 우러나오는 충고를 해준 것이리라. 그런데 진심이라면 그것이야말로 더 큰 문제다. 가장 유력한 대선 후보의 현실 인식이 얼마나 안이하고 몰상식한지를 보여주기 때문이다.

취업 준비생 앞에서 낯 뜨거운 거짓말

이명박 후보가 '88만 원 세대'라는 말을 들어보았는지 모르겠다. 여기서 88만 원은, 비정규직 노동자 평균 임금 119만 원에 20대 임금 평균 비율을 곱한 금액이다. 즉, 오늘날의 젊은 세대를 지칭하는 신조어다. 필자가 이름 붙이긴 했지만, 사실 '88만 원 세대'는 20대의 대부분이 비정규직으로 사회생활을 시작할 수밖에 없는 한국의 현실이 탄생시킨 단어다.

이 후보는 "세계 어느 선진국도 우리와 비교해 비정규직의 수가 그렇게 적은 것이 아니다"라고 말했다. 하지만 이건 사실이 아니다. 2006년 9월 22일 국제통화기금IMF은 "한국의 비정규직 비율이 경제협력개발기구OECD 평균의 2.5배"라며 "한국 경제가 정규직 일자리를 창출할 수 있는 능력을 잃어가고 있다"고 우려 섞인 전망을 했었다.

그렇다면 진위를 가려야 한다. 한국의 비정규직 비율이 가입국 평균의 2.5배라는 IMF의 발표와 "세계 어느 선진국도 우리와 비교해 비정규직의 수가 그렇게 적은 것이 아니다"라는 이명박 후보의 발언 중 어느 것을 믿어야 할까. 안타깝게도 전자다. IMF의 발표를 뒷받침할 만한 증거는 무수히 많다.

이를테면 2000년 11월 발행된 『OECD 옵저버*OECD Observer*』의 한 기사는 "한국에서 정규직 일자리 수는 OECD 국가 중 터키 다음으로 적다"라고 지적한다. 그러면서 형편없는 사회복지 수준이 한국의 생산성을 저해할 수 있다고 경고한다. 설상가상 지금의 한국은 2000년에 비해 훨씬 비정규직이 증가했다.

고의든 아니든 학생 앞에서 대선 후보라는 사람이 이런 새빨간 거짓말을 한 건 정말 부끄러운 일이다. 대통령이 되어야 할 사람이 이 정도 사실도 몰랐다는 것은 더욱 낯 뜨거운 일이다. 정신이 제대로 박힌 어른이라면 '88만 원 세대'가 처한 현실을 있는 그대로 정확히 말해주어야 한다.

이명박 후보야말로 눈높이 낮춰야

2007년 3월 현재 비정규직 규모를 정부는 577만 명(36.7%), 한국노동사회연구소는 879만 명(55.8%)으로 추산하고 있다. 한국노동사회연구소의 결과가 좀 더 현실에 부합하는 것으로 보인다. 왜냐하면 이는 정부 통계가 비정규직으로 인정하지 않는 '임시일용직' 등을 포함시킨 통계이기 때문이다. 임시일용직은 노동 현장에서 오랫동안 불안정 노동의 대명사로 여겨져왔고, 국제적인 기준에 비춰보더라도 정규직 노동자라 보기 어렵다.

한국의 비정규직 문제가 특히 '악질적'인 이유는 대체로 비정규직 일자리가 정규직으로 가는 '가교^{bridge}'가 아니라 '함정^{trap}'이라는 사실 때문이다. 다른 나라의 경우, 비정규직으로 일단 경험을 쌓다가 정규직의 '괜찮은 일자리$^{decent\ job}$'로 옮겨 가는 비율이 상당히 높다.

그런데 한국에서 비정규 노동자로 직업 활동을 시작한 사람은 평생 비정규직만을 전전하는 경우가 대부분이다. '한번 비정규직은 영원한 비정규직', 이게 문제다. 취업 준비생이 기를 쓰고 정규직 일자리, 괜찮은 일자리만을 찾는 이유가 바로 여기에 있다. 이는 노동문제를 연구하는 대부분의 전문가가 공히 지적하는 사실이기도 하다.

숫자는 숫자일 뿐이다. 통계 수치를 모르더라도 한국에 살고 있는 성인은 비정규직 문제가 얼마나 심각한지 몸으로 느끼고 있을 것이다. 당장 발등에 불이 떨어진 '88만 원 세대' 역시 미래에 대해 심각한 불안을 느끼고 있다. 실제로 우울증에 시달리는 젊은이도 폭발적으로 늘어났다고 한다.

상황이 이러한데도 '경제 전문가'를 자처하는 이명박 후보가 대학생 수준의 실물경제 감각도 없다는 사실이 믿기지 않는다. 그러나 그의 '실물경제 불감증'은 어제오늘 일이 아닌 것 같다. 2007년 1월 3일자 『서울경제신문』과의 인터뷰에서 "일자리 문제가 심각하다"는 질문에 이명박 후보는 이렇게 답했다.

"산유국에 일거리가 너무 많다. 나는 1970년대 중반부터 20년간 이와 관련된 경험을 갖고 있고 철저한 경험과 네트워크를 갖고 있다. 이곳에 눈을 돌리면 내수와 일자리 문제도 상당 부분 해결될 수 있다."

평생 건설 현장에서 뒹굴었던 이명박 후보다운 대답이다. 하지만 1970년대와 바뀌어도 한참 바뀐 2007년 한국의 일자리 문제를, 1970년대 중동 건설 붐을 다시 일으키면 해결된다는 식으로 말하는 '초현실주의적 해법'에 그저 망연할 뿐이다.

이 후보의 발언을 보고 있노라면, 이분과 우리가 같은 시대에 살고 있는지, 혹은 같은 나라에 살고 있는지조차 의심스러울 때가 많다. 정말로 눈높이를 낮추어야 할 사람은 젊은이들이 아니다. 바로 이명박 후보다. 한국의 경제 현실에 이토록 무지한 그에게 대통령직은 너무 과분해 보인다.

그럼에도 불구하고 이명박 후보는 현재 50%가 넘는 지지율을 기록하며 질주하고 있다. 그만큼 사람들의 노무현 정부에 대한 반감이 크다는 이야기다. 노무현 대통령이야말로 이명박 후보에겐 '최대의 후원 세력'인 셈이다. 하지만 이런 대선 관전평이나 하고 앉아 있기엔 현실이 너무 참혹하다.

'88만 원 세대'는 리트머스 시험지

정규직, 괜찮은 일자리decent job는 지금 이 시각에도 급속히 줄어들고 있다. 비정규직은 계속 늘어나기만 한다. 기성세대가 젊었을 때와 달리 지금의 젊은이에게 주어진 선택지는 극도로 제한되었다. 이런 상태에서 20대는 창조성도 진취성도 없는 획일적인 생존 전략을 추구할 수밖에 없다.

지난 10년 동안 한국 사회 전반에 걸쳐 승자독식의 법칙이 절정으로 치달았다. 취업 경쟁에서 승리한 소수의 젊은이를 제외한 패자끼리 '개미지옥 게임'을 펼치고 있다. 개미지옥의 가장 밑바닥에 누구를 밀어넣을 것인가, 즉 누가 개미귀신에게 가장 먼저 잡아먹히느냐를 놓고 벌이는 잔혹한 게임이다.

개미지옥에 빠진 20대들은 좀 더 늦게 잡아먹히기 위해서 친구의 등에 칼을 꽂는다. 그러니까 이건 패자부활전이 아니다. 고졸, 여성, 장애인 등 약한 사람부터 차례차례 사라지는 참혹한 '배틀로얄'이다. 협동해서 개미귀신과 싸우기보다 혼자 살겠다고 발버둥치다 차례차례 당하고 만다.

그러나 이미 안정적인 일자리에 안착한 기성세대는 20대를 내려다보며 "풍요롭게 자라서 나약하다"거나 "노력을 안 해서 취직을 못하는 것"이라고 비아냥거릴 뿐이다. 그중 진보적인 사람들은 '정치에 무관심한 혹은 보수화된 20대'를 나무란다. 사회 전체가 미래 세대의 숨통을 죄고 있으면서도 욕하고 다 그치기만 한다.

지금의 젊은 세대가 처한 구조적 현실, 그리고 그것이 불러올 미래를 생각해보라. 이대로 간다면 지금의 20대, 즉 '88만 원 세대'는 역사상 가장 가난한 세대가 될 것이다. 불안정성과 획일성이 지배하는 '88만 원 세대'에서 성장 동력이 생겨날 리가 없다. 인재의 역량으로 먹고사는 한국과 같은 나라에서 특정 세대가 지나치게 가난해진다는 것은 모든 세대에게 치명적이다.

지금 한국은 미래를 살해하고 있다. 미래를 살해하는 사회에 파랑새는 없다. '88만 원 세대'라는 말에는 IMF 이후 10년간 중첩된 병폐들이 집약되어 있다. 그리고 향후 20년의 미래를 묻는 말이기도 하다. 지금은 승자독식의 경쟁으로 힘을 소진할 때가 아니다. 세대 간 협력을 통해 사회적 가치를 만들어내는 것이 어느 때보다 절실하다.

이를 공약으로 만들어낸 후보, '88만 원 세대'의 고통에서 한국 사회의 비전을 끌어내는 후보야말로 대통령이 될 자격이 있다. 2002년 대선의 20대 투표율은 불과 56.5%였다. 지금의 20대는 최소한 2002년을 넘어서는 투표율로 자신의 목소리를 내야 할 것이다. '88만 원 세대'는 바로 지금, 한국 사회의 리트머스 시험지다.

— 〈프레시안〉 2007년 9월

피도 눈물도 없는 88만 원 세대의 복수

88만 원 세대의 상당수가 이명박 후보를 지지한 건 뫼르소의 행동처럼 부조리했을지 모른다. 그러나 그들은 최소한 '386세대'에 비해 훨씬 솔직하고 이성적이다.

대한민국 '꼰대'들은 나라 걱정이 취미다. 근대국가의 시민이 나라 걱정하는 것이야 적극 장려할 일이겠다. 문제는 거기에 꼭 "우리 땐 안 그랬는데 요즘 젊은것들은……"이란 말을 끼워 넣어야 직성이 풀린다는 점이다. 이런 꼰대들이 으레 보수적일 것이라 단정해선 안 된다. 새는 좌우의 날개로 난다지만, 꼰대도 그렇다. 최근 들어 '젊은것들'에 대한 원망과 탄식이 집중적으로 쏟아져 나온 건 오히려 이른바 범민주, 개혁 세력에서였다.

17대 대선을 막 치른 지금, '20대의 보수화'에 대한 걱정이 하늘을 찌른다. 어르신들 말씀을 듣다 보면, '이노무 새끼들'이 조만간 나라를 말아먹을 것만 같다. 20대는 과거에 비해 보수화되었을까. 그럴지 모른다. 대학생 운동의 몰락과 더불어 청년세대가 이념적으로 우편향하고 있다는 조사 결과들이 여러 차례 발표되기도 했다.

20대는 과연 보수화되었나

17대 대선에서 20대의 42.5%가 이명박 후보를 지지했다.(SBS-TNS 출구 조사) 30대의 40.4%보다 높은 수치다. 게다가 이회창 후보에 대한 20대의 투표율은 15.7%로 전 연령대 중 가장 높다. 20대에서 이명박과 이회창 투표율을 합치면 무려 58%다. 이건 빼도 박도 못하는 증거 같다. 무려 60%에 가까운 20대가 '토건형 신자유주의'와 '극우냉전주의'에 포섭되고 말았으니, 역시 꼰대들의 걱정이 사실로 증명된 것일까.

그러나 이게 진실의 전부는 아니다. 우선 20대의 문국현 후보에 대한 투표율을 보자. 15.9%다. 『시사IN』 조사에서도 16.6%나 나왔다. 40대(4.8%)의 3배 이상으로, 30대의 9.9%보다도 훨씬 높다. 전 연령대를 통틀어 문국현 후보에 대한 투표율이 가장 높다. 문국현 후보와 권영길 후보에 대한 20대의 투표율을 합치면 19.4%로 30대의 16%보다 높다. 이른바 '386'이라 불리는 40대가 상대적으로 진보적인 공약을 내건 두 후보에게 던진 표는 불과 8.2%다. 이들 40대는 이명박 후보를 과반수 넘게 지지(50.6%)했다.

  20대의 투표에서 가장 주목해야 할 부분은 여당 후보인 정동영에 대한 투표율이다. 20.7%로 모든 세대를 통틀어 가장 낮다. 『시사IN』 조사에서는 13.4%로 더 참혹한 수치를 기록했다. 심지어 여당과 대통령에 대한 반감이 가장 극심하다는 50대(23.5%)보다도 낮다. 정동영에 가장 적게 투표하고 이명박과 이회창에 표를 몰아주었으니 여당에 할 수 있는 한 가장 뼈아픈 타격을 가한 셈이다.

  즉, 20대는 비정규직 청년 실업 문제로 고통 받았던 지난 5년에 대해 어떤 세대보다 혹독하고 냉정하게 심판했다. 또한 20대는 코리아연방공화국이니 백만민중대회 같은 시대착오적 구호를 들고 나온 '삼수생' 권영길에게 3.5%(30대 6.1%)만 던져줌으로써 '이제 정신 좀 차려라'는 메시지를 명확히 전했다. 17대 대선을 주도한 흐름이 지난 정권에 대한 심판, 다시 말해 회고 투표였다는 점을 상기할 때 20대의 투표율은 그 흐름에 가장 정확히 부합하는 것이었다.

20대 보수화 담론은 '486'의 도착증

명심하자. '20대가 너무 보수화됐다'는 오버도, '20대는 여전히 진보적'이라는 오해도 모두 해롭다. 지금 유통되는 20대 보수화 담론들은 구조적 문제를 명징하게 드러낸다기보다 어떤 현실을 은폐하는 기능만 수행하고 있다. 바로 '486'의 보수화다. 40대의 절반 이상이 이명박을 지지하고, 13.3%가 이회창을 지지했으면서도 20대가 문제란다.

20대가 아무리 보수화됐기로서니 '486'에 비하면 새발의 피다. 즉, 이건 일종의 도착증이다. 386들은 자신들이 정작 이명박과 이회창에게 화끈하게 표를 던졌으면서도 '20대의 보수화'에는 혐오감을 거리낌없이 드러낸다. 사회적 지위를 선점한 세대로서의 물질적 쾌락은 그것대로 추구하면서 한켠에선 앙상한 1980년대의 추억을 끝없이 마스터베이션하는 것이다. 그 결과 20대 보수화 담론은 그들의 이중적 욕망에 의해 이리저리 소비될 뿐이다.

대선 유세 기간 중에 청년 백수 한 명이 이명박 후보 지지연설을 해서 화제가 된 적이 있다. "살려주이소"라는 그의 외침은 심금을 울렸다. 반면 많은 사람은 청년 백수의 절박한 상황이 어째서 이명박 지지로 이어져야 하는지 모르겠다며 혀를 찼다. 청년 실업자에게 "눈높이를 낮추라"고 일갈한 사람이 바로 이명박 후보 아닌가.

영상을 보며 내 머릿속에 떠오른 건 엉뚱하게도 까뮈의 『이방인』이었다. 주인공 뫼르소는 칼날에 반사된 햇빛에 눈이 부셔서 아랍인에게 총을 쏜다. 88만 원 세대의 상당수가 이명박 후보를 지지한 건 뫼르소의 행동처럼 부조리했을지 모른다. 그러나 최소한 '386세대'에 비해 훨씬 솔직했고 이성적이었다. 이명박 정부의 5년도 예외가 아니다. 이념보다 손익계산에 더 익숙한 88만 원 세대다. 그들의 복수에는 피도 눈물도 없다.

—『시사IN』 20호, 2008년 1월

20대 왕따시켜 10대 찬양하는 '돌림병'이 돈다

10대와 20대는 모두 88만 원 세대다. 그들 앞에 놓인 현실은 참혹하다. 기성세대가 할 일은 그들을 비교하는 게 아니라, 자기의 삶을 바꿀 수 있다는 믿음을 회복시켜주는 것이다.

돌연, 세대론의 홍수다. 이번에는 촛불을 들고 혜성처럼 등장한 10대가 주인공이다. 광장에 대한 추억이 각별한 386 아저씨와 아줌마들은 눈물을 글썽이며 이들 '신인류'를 찬양, 고무한다. 『한겨레』의 '2.0세대' 특집 기획은 사랑스러운 10대에게 바치는 개혁 세력의 절절한 오마주였다. 『시사IN』 제35호 커버 기획 「10대는 말한다」도 발군이다. 읽다가 코끝이 찡했다고 고백한 사람이 많다.

그런데 뒷맛이 고약하다. 10대를 칭찬하는 어른들은 "20대와는 달리"라는 말을 꼭 덧붙인다. '10대는 희망이 있지만 20대는 싹수가 노랗다'는 식이다. 촛불집회 이후 10대와 20대를 비교하는 담론이 부쩍 늘어나면서 점차 20대에 대한 무시와 '왕따'로 표출되고 있다. 일시적 현상이 아니다. 최근 들어 어떤 정치적 사건이 있을 때마다 '20대 혐오증'이 반복되어왔기 때문이다. 일종의 사회적 돌림병이라고밖에 달리 묘사할 말이 없다.

'20대 투표율 낚시' 사건

지난 대선과 총선에서 진보·개혁 세력이 거둔 성적은 '참패'라는 말로도 부족하다. 거의 '분쇄'당했다. '수구꼴통 축출'만이 대한민국이 사는 길이라 굳게 믿었던 사람은 망연자실했다. 절망이 지나치면 자기혐오로 이어진다던가.

'찍은 국민이 죄인'이라는 식의 담론이 급속히 유포되기 시작했다. 출구 조사 자료 등이 공개되자 즉시 희생양이 정해졌다. 바로 20대였다.

SBS-TNS 출구 조사에 따르면 20대의 이명박 후보 지지율은 42.5%, 이회창 후보는 15.7%였다. "나이 든 양반들이야 그렇다 치고 젊은것들이 대체 생각이 있는 거야?" 비난이 쏟아졌다. 언론도 '20대 보수화'에 대해 연일 입방아를 찧었다. 그리고 얼마 지나지 않아 총선이었다. 예상대로 한나라당의 압승. 그런데 선거가 끝나자마자 또다시 20대를 향한 공격이 시작됐다. "총선에서 20대 투표율이 19%에 불과하다"라는 이야기가 퍼져나가면서 본격적인 '마녀사냥'이 벌어졌다.

『경향신문』은 「20대 투표율 19%는 대의정치의 심각한 위기」라는 제목으로 대담 기사를 싣기도 했다. 여기저기서 "저도 20대지만 투표율 19%라니 정말 창피합니다"라는 고해성사(?)가 이어졌다.

하지만 얼마 지나지 않아 어처구니없는 사실이 밝혀진다. '19%'는 근거 없는 루머였던 것이다. 당연한 것이 18대 총선의 연령별 투표율은 당시까지 발표된 적이 없었다. 수많은 사람이 글자 그대로 '낚인' 셈이다. 왜 이런 블랙 코미디가 벌어진 걸까. 그 사람들이 유달리 멍청해서? 그렇지 않다. 19%라는 수치를 보기 전에 이미 어떤 프레임, 다시 말해 '20대 보수화'라는 인식의 그물에 갇혀버린 까닭이다.

따지고 보면 대선 직후 불거진 20대 보수화 담론도 상당히 과장된 면이 있었다. 분명히 20대는 보수 후보에게 적지 않은 표를 줬다. 그러나 진보로 분류되는 문국현 후보와 권영길 후보에 대한 20대의 지지율은 전 연령대 중 최고였으며, 집권여당 정동영 후보에게는 가장 적은 표를 줘 엄청난 취업난에 대한 책임을 물었다.

'20대 혐오증'과 '10대 애호증'은 동전의 양면

20대에 대한 '전 사회적 왕따'는 이번에도 어김없이 반복되는 것 같다. 미국산 쇠고기 수입 반대 촛불문화제가 점화된 초기, 중·고생이 대거 청계천 광장으로 몰려나왔다. 교복 입은 여중생·여고생이 촛불을 들고 "너나 처먹어 미친 소!"라고 외쳤다.

기사를 접한 수많은 '386'들, 충격과 감동에 몸을 부르르 떤다. 20년 전 자기 모습이 생각나 주책없이 눈물부터 나온다. 나이를 따져보니 내 아들과 딸 또래다. 때 맞춰 『한겨레』의 시의적절한 제목 뽑기, 벅찬 감동에 불을 댕긴다. 「2.0세대, 386 부모 '뜨거운 피' 물려받았나!」 시대정신이 자식 사랑과 화학적으로 결합하는 행복한 순간이다. 기자들은 다시 아이템 개발에 분주해진다. 그러고 보니 10대가 저렇게 나서는데 20대는 안 보이는 것 같네? 역시 20대는 몸을 사리는구먼. 그래서 '그 많던 20대는 어디로 갔나' 류의 기사가 다시 쏟아져 나온다.

물론 내용적으로 20대에 대해 균형 있게 접근한 기사도 있었다. 그러나 그보다 더 중요한 건 10대와 20대를 비교하는 구도 자체다. 이미 20대의 보수화가 하나의 완고한 프레임으로 자리 잡은 이상, 20대에 대한 이야기는 아무리 잘 써봐야 10대를 칭찬하는 도구로 이용될 뿐이다. '20대 보수화'라는 기존 프레임에 '10대와 20대의 비교'가 더해지면서 잠복했던 20대 혐오증이 꿈틀대기 시작한 것을 보라.

10대에 대한 지나친 감정이입과 20대에 대한 지나친 혐오는 사실 동전의 양면과 같다. 근본적으로는 개혁 정권 10년에 대한 지지 세력의 환멸과 피로감이 원인이다. 정치·문화적 개혁에는 성과를 거두었지만 사회·경제적 개혁에 실패하면서 사람들은 '적을 두 번이나 이겼는데 내 삶은 전혀 달라지지 않았다'는 공허감에 사로잡힌 것이다.

최근 치러진 두 차례 선거에서 아노미 상태에 빠진 개혁 세력은 "세상이 요 모양 요 꼴이 된 건 우리 탓이 아니다"라고 말하고 싶었는지도 모른다. 20대 혐오증은 타자에게 환멸을 전가하는 일종의 심리적 보상행위며 10대에 대한 지나친 기대도 본질은 마찬가지다.

10대와 20대에 대한 이런 식의 구별짓기를 단호하게 차단하지 않으면 20대는 앞으로 계속해서 잉여 존재가 될 수밖에 없다. 2002년 심미선·신효순 촛불집회에 참여했던 10대가 지금의 20대라는 사실은 과연 무엇을 의미할까. 지금의 10대도 머지않아 20대처럼 보수화하리라는 것? 부정적으로 보면 그럴 수도 있겠다. 그러나 긍정적으로 본다면 지금의 20대가 계기만 찾는다면 언제든 광장에 나설 수 있다는 뜻이기도 하다.

10대와 20대는 모두 88만 원 세대다. 그들 앞에 놓인 현실은 공히 참혹하다. 그들을 굳이 구분할 이유는 없으며 그래서도 안 된다. 기성세대가 할 일은 20대를 10대와 비교하고 평가하는 게 아니다. 그들이 광장에 나섰을 때 자기의 삶을 정말로 변화시킬 수 있다는 믿음을 회복시켜주는 것이다. 1987년에 만든 다리를 우리는 지난 10년간 힘겹게 건너왔다. 이제 다음 세대에게 새로운 다리 하나를 놓아줄 때다.

―『시사IN』 37호, 2008년 5월

미래를 교살하는 공장

88만 원 세대가 대학교와 고시원에만 있다고 생각한다면 큰 착각이다. '88만 원 세대 중의 88만 원 세대'는 동희오토에서 컨베이어 벨트를 타고 있다. 그들은 세대 내부 경쟁과 세대 간 경쟁뿐 아니라 '인종 간 경쟁 상황'에 놓여 있다.

정지훈(가명) 씨는 스물여섯 살이다. 소년처럼 해사한 얼굴과 대조적으로, 우람한 팔뚝에 힘줄이 툭툭 불거져 있다. 그는 현대 기아 자동차 '모닝'을 만드는 동희오토라는 회사에서 수습 직원으로 3개월을 일했다. 그리고 2008년 11월 6일자로 수습 기간이 끝났다. 그러나 정식 직원이 될 수 없었다. 수습 기간이 끝나기 정확히 일주일 전, 채용 취소 통보를 받았기 때문이다.

동희오토는 생산직 노동자의 100%를 최저임금선의 비정규직으로 꽉 채우는 기념비적 시도로 인해, 최근 몇 년 사이 경영계와 노동계의 주목을 한 몸에 받고 있는 기업이다. 생산라인에서 일하는 850명 전원은 13개 사내 하청업체에 소속돼 있고, 기아의 1차 협력사인 동희오토가 이들 업체와 노무도급계약을 맺는다. 국내 최초의 완성차 위탁생산업체로서 '모닝 대박 신화'의 주인공이다. 이곳 비정규 노동자의 상황은 열악하다는 말로는 부족할 지경이다. 1년차 직원의 2008년 시간당 임금은 3770원. 올해 법정 최저임금이다. 다른 완성차 업체 정규직 노동자의 절반 수준이다. 그러다 보니 이직률이 극도로 높아서 3년을 넘겨 일하는 노동자가 드물다. 민주노조를 만들려는 움직임이 보이면 해당 하청업체를 통째로 계약 해지시켜버리면 그만이다. 노동자의 요구는 철저히 무시된다. 기업 입장에서 보면 '꿈의 공장', 노동자 입장에서 보면 '절망의 공장'이다. 이 같은 사실이 알려지자 제조업 분야에서 소위 '동희오토 방식'이 역병처럼 번져가고 있다.

비정규직 유랑기

정지훈 씨가 태어난 곳은 경기도 성남시, 지금 가족들이 살고 있는 곳은 전남 목포다. 지방에 있는 대학에 합격해 1학년까지 다녔지만, 군대에 다녀온 뒤 자퇴서를 냈다.

"집안 형편이 어려웠어요. 지방의 작은 대학을 졸업한다고 해서 취직이 된다는 보장이 없잖아요. 사실 졸업한 선배들을 봐도 그랬구요. 무슨 일이든 일단 돈을 벌어야 한다고 생각했어요. 처음 갔던 회사가 목포의 삼호조선소라는 데였어요. 처음이라 그런지 많이 힘들었던 기억이 나네요. 정규직이었냐구요? 아뇨, 당연히 비정규직이죠."

정지훈 씨는 조선소에서 7개월을 일하다가 다른 직장으로 가기로 결심했다. 경기도 발안에 있는 대연 에스티라는 공장이었다. 수습 기간 1년을 넘기면 정규직을 시켜준다는 이야기가 결정적이었다. 휴대전화에 쓰이는 1회용 테이프를 제조하는 곳이었는데 조선소 일에 비해 몸이 덜 힘들었고 대우도 좋았다. "동희오토는 생일날 1만 원짜리 상품권을 주는데, 대연 에스티는 5만 원짜리 상품권을 줘요. 보너스도 600%였구요." 이렇게 말하며 정지훈 씨는 살풋 웃는다.

"그런데 거길 왜 그만뒀나요? 일도 그리 힘들지 않고 대우도 괜찮았다면서요?"

"작업반장이랑 문제가 좀 있었어요. 버스가 끊길 시간까지 일을 시켜놓고 자기는 맨날 노는 거예요. 그러면 저는 혼자 일을 하다가 집에 택시를 타고 가야 해요. 한두 번이면 참고 넘어갔을 텐데 계속 그래서 제가 한마디 했더니 그 뒤부턴 저를 더 괴롭히기 시작했어요. 결국 그만둘 수밖에 없었어요."

그의 '유랑생활'이 다시 시작됐다. 경기도 기흥의 삼성반도체 공장에서 1년을 일했고, 다시 목포의 삼호조선소에 가서 일을 했다. 서해안 전역을 떠돌며 비정규직 일자리를 전전했던 셈이다. 그런데 저임금·비정규 노동으로 악명이 높은 동희오토에는 어떻게 오게 됐을까. 정지훈 씨는 고개를 갸웃하더니, 이렇게 말한다.

"제가 어렸을 때부터 막노동을 많이 하다 보니 컨베이어 벨트 타는 건 오히려 쉽게 느껴졌어요. 수습이 3개월이니까 '3개월만 아무 소리 말고 버티자'라는 생각으로 정말 열심히 일했어요. 원래 대연에스티에 같이 있던 형이 동희오토에 취직하자고 해서 같이 입사했는데, 그 형은 일이 힘들다고 이틀 만에 그만둬버렸어요."

컨베이어 벨트 위로 날아간 세대

"그렇게 열심히 일했는데, 지훈 씨는 어째서 잘린 거예요? 채용 취소 통보를 받았다면서요."

"결근은 한 번도 안 했고 몸이 너무 아파서 허가를 받고 조퇴를 딱 한 번 했는데 채용 취소 이유를 보니까 '근무 불성실, 약속 불이행'이라고 되어 있더군요. 솔직히 어이가 없었어요."

정지훈 씨 생각에 자신이 채용 취소 통보를 받은 이유는 따로 있다. "해복투 형들과 어울렸기 때문"이다. 해복투, 즉 해고자복직투쟁위원회는 글자 그대로 동희오토의 해고자들이 복직을 요구하며 결성한 단체다. 2008년 11월 10일 현재 여섯 명의 해고자를 중심으로 활동하고 있다. 정지훈 씨의 말에 따르면 각 라인의 반장과 조장들이 노동자를 수시로 불러서 "해복투랑 어울리지 말라"고 주의를 주거나 때로 협박도 한다고 한다. 평소에 누가 해복투 사람들과 자주 만나는지 감시하는 것은 물론이다. 정지훈 씨는 "내가 해복투 형들이랑 밥을 같이 먹은 걸 가지고 뭐라 그러기에 '왜 밥 먹는 것 가지고 그러느냐, 그런 식으로 감시하지 마라'고 쏘아붙여줬다"고 한다. 전후 사정을 보면 그 사건이 채용 취소에 결정적 역할을 한 것으로 보인다. 그러나 그는 후회하지 않는다고 했다. 불합리한 일에 맞서지 않으면 언제까지나 그 불합리를 바꿀 수 없다고 생각하기 때문이다.

동희오토에는 정지훈 씨와 같은 또래들이 가장 많다. 생산직 노동자 중에서 30대 중반 이상은 거의 없고 대부분 20대 중반에서 후반이다. 공장에서 야간근무를 마치고 퇴근하는 얼굴들을 보면 하나같이 젊다. 젊다 못해 앳된 얼굴들도 적지 않다. 동희오토 해복투 이백윤 의장의 말에 따르면, 그들 대부분이 고졸 학력 이하의 20대다. 사회경제적 여건이 가장 나쁠 때 사회로 진출하게 된 88만 원 세대, 그중에서도 피라미드의 가장 아래에 속한 젊은이들이다.

88만 원 세대가 대학교와 고시원에만 있다고 생각한다면 큰 착각이다. '88만 원 세대 중의 88만 원 세대'는 동희오토에서 컨베이어 벨트를 타고 있다. 그들은 세대 내부 경쟁과 세대 간 경쟁뿐 아니라 '인종 간 경쟁 상황'에 놓여 있다. 동희오토 노동자의 20%는 외국인 노동자다. 이 사실은 88만 원 세대가 '삼중 경쟁'의 톱니바퀴에 끼여 있다는 사실을 보여준다. 그들 대다수는, 당연한 말이지만 『88만 원 세대』라는 책이 세상에 존재하는지조차 모른다. 정지훈 씨와 같은 젊은이가 스스로 입을 열어 그 고통과 분노와 불안을 전하지 않는다면, 아마 대다수의 시민들 역시 그들 존재를 알지 못할 것이다. 광화문에서 촛불이 타오를 때 122킬로미터 떨어진 서산에서도 촛불이 타올랐다. 그러나 그 사이엔 물리적 거리보다 더 아득한 심연이 존재한다. 그 심연에 다리를 놓는 지난한 작업을 지금부터라도 시작해야 한다.

'대한민국 불안 지도'를 만들면?

동희오토라는 기업이 나쁜 이유는 그들이 효율성을 추구해서가 아니다. 무엇보다 그런 기업이 불안을 양산해서 사회 전체의 생산력을 급속도로 불임화시키기 때문이다. 정지훈 씨의 예만 봐도 그렇다. 5년 넘게 노동 현장에 있었음에도, 그는 숙련 기술을 익히지 못했다. 지금처럼 불안정 노동을 전전할 경우, 그는 평생 동안 숙련 노동자가 되기 어렵다. 가처분소득이 극단적으로 줄어들어 구매력 또한 낮아진다. 동희오토와 같은 기업이 확산되면 한 세대 전체가 더욱 가난해질 것이다. 그 사회적 부담을 부자들과 기업이 지려 할까. 단언컨대 결코 그런 일은 벌어지지 않을 것이다. 그 부담은 지금의 중간계급과 그 이하 계급, 그리고 그들의 자녀 세대가 짊어지게 된다. 동희오토의 '모닝 대박'은 우리의 미래를 교살한 대가였다.

하루빨리 해야 할 일은, 동희오토 노동자들과 작은 연대를 시작하는 것이다. 동시에 그와 같은 방식의 노동 착취가 확산되는 속도를 늦추는 것이다. 지금 이 시각에도 수많은 젊은이가 장돌뱅이처럼 전국을 떠돌고 있다. 서산에서, 울산에서, 여수에서, 목포에서, 창원에서……. 그들을 기다리고 있는 것은 제2, 제3의 동희오토다. 아직 실태조차 파악되지 않은 곳이 많다.

노동계뿐 아니라 시민사회가 힘을 합쳐 위키페디아처럼 실시간으로 업데이트되는 '대한민국 불안 지도'를 만드는 건 어떨까. 우선 이 지도는 전국을 떠도는 비정규 노동자들에게 작은 가이드라인 역할을 할 수 있다. 그런 실용적인 이유 외에도 그 지도를 만드는 과정 자체가 하나의 사회적 연대의 방식이다. 노동, 생태, 인권, 교육 등 각 분야의 '불안 지도'를 만들 수도 있다. 별조차 보이지 않는 캄캄한 밤, 가야 할 길을 찾지 못하는 시대다. 더듬더듬 지도라도 만들밖에.

—『한겨레』 2008년 11월 15일자

청년 빈곤, 세대의 문제인가 성장의 단계인가

한국 비정규직의 연령별 분포를 보면 20대와 50대에서 쌍봉형으로 높은데, 얄궂게도 부모 세대와 그들의 자녀 세대가 공히 비정규직 문제의 최대 피해자다.

청년 빈곤이란 말의 '빈곤'은 절대빈곤을 의미하는 것이 아니다. 끼니를 굶거나 어떤 문화적 향유도 없이 18세기 영국의 방직공장 같은 노동환경에서 하루 12시간 이상 육체적으로 혹사당하는 그런 청년들은, 적어도 21세기 한국에서 거의 찾아보기 어렵다. 즉, 한국전쟁 직후 20년 가까이 지속된 국가 규모의 절대적 빈곤 상황은 사실상 종식되었다. 빈곤에 대한 여러 정의가 있을 수 있지만, 중요한 건 빈곤이 어디까지나 현 시기 국민경제의 질적 특성과 양적 규모에 의해 정의된다는 점이다. 따라서 청년 빈곤이라는 말 속의 빈곤은 아프리카 최빈국의 그것에 대비될 수 없고 또 그래서도 안 된다. "저것들이 배곯아본 적이 없어서 불평을 한다"는 부당한, 그리고 명백히 의도적인 비난에 일일이 대응할 필요는 없다는 의미이기도 하다. 빈곤은 오히려 선진국에서 가장 치열하게 연구되는 주제다.

한국에서 '88만 원 세대'라는 말로 상징되는 '빈곤의 청년화'는 크게 보면 전 세계적 현상이다. 이탈리아 소설 『천 유로 세대』(예담, 2006)가 묘사하고 있는 유럽 청년들의 삶-노동은 그들 부모 세대의 그것보다는 오늘날 한국 청년들의 그것과 훨씬 닮아 있다. 이탈리아와 한국뿐 아니라 OECD 가입국의 대다수가 같은 문제에 직면해 있고, 대체로 신자유주의적 경제구조가 고착한 곳일수록 그 정도가 심하다. 또한 노동의 비정규화 속도가 빠르고 공적 복지보다 사적 복지에 의존해왔던 나라일수록 빈곤의 청년화 경향이 뚜렷하다. 그러나 경제의 정보화 및 금융화가 빈곤의 청년화를 직접 초래했는지, 혹은 그것이 과연 가장 먼저 고려해야 할 요인인지에 대해서는 입장에 따라 논란의 여지가 있다. 제조업 중심의 이른바 구舊산업에 대한 상대적 의존도가 여전히 높은 일본과 한국에서 빈곤의 청년화가 어느 나라보다 급속히 진행되었다는 사실은, 고려해야 할 여러 변수가 있음을 시사한다.

청년 세대의 빈곤이란 주제를 접할 때 가장 빠지기 쉬운 두 가지 함정은 첫째, 특정 세대를 인격화·의인화해서 사고하는 것이다. 그럴 경우 "A세대는 능력이 있었는데 B세대는 무능력하다", "A세대는 정치적으로 각성했지만 B세대는 최소한의 사회의식조차 없다", "B세대가 비참해진 건 A세대 때문이다" 등등 일반화할 수 없는 개인적 경험들을 섞어 특정 세대의 불행을 합리화하려는 사회적 프레임이 등장한다. 그렇게 특정 세대의 자질과 능력을 문제 삼는 순간, 이미 세대론은 인종주의와 구별 불가능해지며, 그 결과 불필요하고 소모적인 세대 담론들이 창궐하며 이에 편승한 세대 마케팅이 판치게 된다. 두 번째 함정은 "선진 자본주의 사회들도 다 겪는 문제 아니냐, 일종의 성장통이다"라는 식의 사고다. 현상적으로는 비슷할지 몰라도 한국과 그들 사회 간에는 문제의 발현 양태와 대응 방식 양자 모두에서 현저하게 차이가 있다. 이런 태도는 거시적이고 근본적인 사고이기는커녕 단지 문제를 방치하는 것에 불과하다.

그러므로 이 문제를 지면에 단단히 고정시키고 해결 방안을 모색하기 위해서는 청년 빈곤이란 의제를 개별화·파편화해서는 안 되며, 청년 빈곤 문제의 역사적 기원을 다시 돌아볼 필요가 있다. 불안정 노동의 전면화라는 문제의 하위 범주라는 사실을 다시금 명확히 해야 하는 것이다. 신자유주의적 세계화에 따른 불안정 노동의 전면화가 일국 노동자의 생애 주기와 맞물리면서 특정 세대에 그 폐해가 집중되고 있다는 것, 단순하게 말해서 그것이 청년 빈곤의 구조다.

한국은 어떻게 '세계화'되었나

사회구조 변동의 시간축을 어떻게 잡느냐는 관점에 따라 자의적이지만, 역시 1987년~1997년, 1997년~현재라는 '두 개의 10년'을 빼놓기 어렵다. 1987년은 주로 정치적 격변과 새로운 헌정 질서의 확립이라는 차원에서 다뤄지는데, 노동 체제의 관점에서는 자본과 노동 간의 불균형한 교착상태라 규정할 수 있다. 1987년 노동자 대투쟁을 통해 이른바 '전투적 조합주의'라 불리는 민주노조운동이 뿌리내리기 시작했다. 그것은 대공장 남성 정규직 중심 노동조합주의이기도 했다. 1986년 276건에 불과했던 노동쟁의 건수는 1987년 3749건으로 급증했다. 이 중 3341건이 1987년 7월부터 9월 사이의 3개월 사이에 일어났다.* 그러나 1987년과 1989년의 노동법 개정에서 보이듯, 국가-자본의 전면적인 굴복은 결코 아니었으며, 단지 억압적이고 전근대적인 노동 통제 형태가 차츰 포디즘적 노동 관리 형태로 전환되기 시작했다는 걸 의미했다. 물론 그나마도 격렬한 물리적 저항과 희생을 거쳐서야 가능한 것이었지만 말이다.

이런 포디즘적 노동 체제가 한국에 채 안착하기도 전에 신

---

* 한국노동연구원, 「분기별 노동 동향 분석」.

자유주의적 규제 개혁이 지구적 지배 이데올로기로 전 세계를 휩쓸기 시작했다. 해외 직접투자로 대변되는 생산자본의 세계화, 기업 인수합병 붐을 통한 자본의 글로벌 독과점 체제의 형성, UR협상 타결과 WTO체제 출범 등으로 인한 신자유주의 헤게모니의 급격한 확산이 그것이다. 한국의 자본집단은 이 시기 급속히 국제경쟁력을 상실하고 있었다. 인구의 과잉공급을 통해 저임금 장시간 노동으로 절대적 잉여가치를 확보하는 것이 과거의 축적 전략이었지만 포디즘적 노사관계로의 전환, 후발공업국의 추격, 선진국의 신보호주의 등의 변화로 더는 그런 식의 축적이 효율성을 갖기 어렵게 됐기 때문이다. 생산자본을 원천기술이나 노동력에 투자하기보다 부동산 투기 등으로 투기자본화하는 데 골몰하고, 무분별한 사업 다각화로 과도한 차입 경영과 과잉 중복 투자를 초래했던 한국 재벌 집단의 지독한 후진성은 한국 경제의 기초체력을 한없이 갉아먹어갔다.

그러나 정부는 이를 제어하기보다 더욱 부추겼다. 김영삼 정권이 주도한 소위 '세계화' 광풍으로 개발독재 시대의 관치경제는 성찰의 대상이 아닌 무조건적 극복과 청산의 대상이 됐고, 민간 주도 경제로의 전환은 원칙도 기준도 묻지 않는 절대선이 됐기 때문이다. 하지만 당시 정부 핵심 당국자도 미처 예측하지 못했을 정도로 뜬금없었던 김영삼 대통령의 세계화 선언(일명 시드니 구상)이 제대로 된 내용을 갖고 있을 리 만무했다. 영미식 신자유주의 개혁을 무작정 좇는 기묘한 시대정신은 그렇게 탄생했다. 노동 유연성에 대한 강조는 신자유주의 메커니즘을 이해해서가 아니라 과거의 축적체제, 즉 저임금 장시간 노동으로 이윤을 확보하던 습속을 새로운 단어로 포장한 것에 불과했다. 이 모든 판단 착오와 경솔한 대응, 도덕적 해이가 믹스업mix-up되면서 1997년 IMF 환란으로 이어졌음은 주지의 사실이다.

 1997년 가을, '단군 이래 최대의 경제 위기'라 불리는 IMF 외환위기가 터졌다. 그 사건은 한국인에게 단순히 경제적 사건이 아니라 정치·사회·문화적으로도 지울 수 없는 외상이 됐다. 한국 경제는 스스로를 개혁할 능력이 없음을 전 세계에 알렸고, 외부에서 강제된 구조 조정 프로그램을 굴욕적인 방식으로 수용해야 했다. IMF의 지침은 '글로벌 스탠더드'였고, 환란이 이미 발생한 이상 거부할 권리 같은 건 처음부터 존재하지 않았다. 역사상 가장 전투적인 노동운동 조직이라 불리던 민주노총은 1998년 정리해고 법안에 무력하게 합의했다. 수많은 노동자들이 잘려나갔다. 하루에도 수십 명, 때론 혼자서 때론 온 가족이 목을 매거나, 고층건물에서 뛰어내리거나, 한강에 투신했다. 이 지옥도의 와중에서도 한국의 기업 집단과 정부는 정규직 노동자의 경직성이 환란의 원인이라 목소리를 높였다. 몇 년도 지나지 않아 '필요 없다'며 잘라냈던 정규직 일자리는 비정규직으로 채워졌다. 당연했다, 원래 필요했던 업무였으므로.

 1997년부터 2007년의 개혁정권 10년은 앞서 김영삼 정권이 천명했던 '노동시장 유연화'라는 노동정책 제1 명제가 그 어느 때보다 충실히, 동시에 구체적으로 실천된 시기였다. 김대중 정권과 노무현 정권은 복지 지출을 확대했다는 점에서 평가받을 만했지만 과거 정권과 마찬가지로 성장 중심주의에 사로잡혀 있었기 때문에 확대되는 사회적 불평등을 막기에는 역부족이었다. 가장 치명적인 오류는 시장권력을 제어할 수 있는 명시적 수단을 정치권력 스스로 포기하는 것을 '개혁'이라 착각하고 극우보수 세력의 칭찬까지 받아가며 맹렬히 추진했다는 점이다. "권력은 시장으로 넘어갔다"는 노무현 전 대통령의 발언은 이 문제에 대한 성찰이 전무했다는 것을 방증한다. 그도 그럴 것이, 이들 정권들이 상상한 세계화 역시 김영삼 정권의 세계화와 별반 다르지 않았기 때문이다. 그 결과를 수치로 표현해보자. 비정규직 858만 명(한국노동사회연구소 2008년 조사), 임금소득 불평등 OECD 1위, 임시직 비율 2위, 성별 임금 격차 1위, GDP 대비 공적 사회복지 지출 비중 최하위……

 '세계화'는 두 번 반복되었다. 한 번은 희극으로, 다음은 비극으로. 첫 번째 10년의 기간 동안 '전 국민의 중산층화'라는 장밋빛 미래는 거의 실현된 것처럼 보였다. 당시에 이미 노동의 유연화가 정책 기조로 등장할 만큼 부각됐지만 그것을 노동운동 진영은—총노동의 관점에서 사고하려고 노력했음에도—불과 10년 만에 지금처럼 심각한 상황이 될 거라고 예상하지 못했던 것으로 보인다. 하지만 이후 10년간 실제로 닥쳐온 현실은 국가적 규모의 정리해고, 대량실직, 정규직의 전면적 비정규화 그리고 '빈곤의 일상화'였다.

가족 복지의 종말

과거 고도성장 시기에는 경제성장이 곧 빈곤 완화로 이어졌다. 아마르티아 센은 "한국이 분배에서 다른 국가에 비해 상대적 평등을 유지하면서 고속 성장을 했다"고 평가한다.* 그런데 지금 한국의 빈곤과 불평등 문제는 경제성장에 종속된 함수가 아니다. 김대중 정권 시기 5년간 한국의 평균 경제성장률은 4.58%였다. 같은 시기 미국이 3.0%, 일본이 0.36%, 독일 1.54%에 비하면 상당히 높은 수준이다. 그럼에도 빈곤과 불평등은 개선되기는커녕 악화 일로였다. 소득 불평등도를 나타내는 지표인 지니계수는 2004년 0.3대를 돌파한 이후 해마다 높아져서 2008년에는 1990년 조사 이후 최고치인 0.325를 기록

---

* 아마르티아 센, 『자유로서의 발전』, 박우희 옮김, 세종연구원, 2001, 188쪽.

했다. 그나마 소득 불평등은 '빙산의 일각'이다. 토지나 부동산 등을 포함한 자산 불평등은 소득 불평등을 훨씬 뛰어넘는 수준이다. 제1회 통계청 가계 자산 조사를 토대로 2006년 자산 불평등도를 보면 상위 20%는 하위 20%보다 총자산이 46.6배, 순자산이 96.6배 많았다.* 이런 수치는 내수 기반이 파괴된 소위 남미형 사회의 전형적인 특징이다. 불안정 노동이 전면화하면서 아무리 일해도 빈곤층에서 완전히 벗어날 수 없는 이른바 '워킹 푸어working poor' 계층도 크게 늘어났다. 2006년 기준으로 전체 빈곤층 중 약 58%가 '워킹 푸어'다. 한국 워킹 푸어의 특징은 계속 빈곤층에 머무르는 게 아니라 진입과 탈출을 반복한다는 점이다.

한국 사회의 이런 변화는 곧장 또 다른 연쇄 효과를 가져왔다. 전통적인 '가족 복지' 시스템이 붕괴하기 시작한 것이다. 가족 복지란, 서유럽 등에서 국가가 책임지는 교육 비용, 그리고 최소한의 사회적 안전망을 거의 전적으로 가족이 부담하는 체계다. 이 시스템이 수십 년간 나름대로 잘 작동해왔던 것은 '투입'을 상쇄할 만큼 '산출'이 가능했기 때문이다. 4년제 대학을 졸업하면 취직할 곳은 넘쳐났다. 대학을 가지 못하더라도 대공장 블루칼라 노동자로 일하면서 중산층 수준의 생활이 가

---

* 전승훈·임병인, 「2000년 이후 가구 자산 구성 및 자산 불평등도의 변화 분석」, 2008.

능했다. 소위 명문대학을 졸업하면 굴지의 대기업을 골라 들어갈 수 있었고 투자된 비용을 만회하고도 남을 정도의 소득을 벌 수 있었다. 가처분소득은 부동산 거품을 통과하며 몇 배로 부풀어 오르기도 했다. 계급 상승은 단지 신화가 아니라 이웃에서 흔히 목격되는 일상이었다. 성공한 자식들은 대개 자신을 뒷바라지한 가족들을 직간접적으로 원조함으로써 호혜성의 원리가 관철됐다. 이것이 바로 기형적으로 높은 한국 교육열의 물적 토대였다. 과거에 국가 복지의 사각지대를 기업 복지와 가족 복지가 메우는 형태였다면, 현재는 신자유주의로의 체제 전환과 불안정 노동의 전면화가 기업 복지와 가족 복지를 파괴했음에도 국가 복지의 확충이 그 빈 공간을 전혀 메우지 못하는 상황이라 규정할 수 있다. 앞서 언급했다시피 경제성장률과 단순 실업률 통계 등은 청년 빈곤이 감추고 있는 이러한 현실을 전혀 드러내지 못한다.

 가족 복지의 선순환 고리가 절단된 계기는 역시 외환위기였다. 대량 해고로 엄청난 수의 노동자가 직장에서 밀려나자 가뜩이나 비좁은 영세 자영업 시장으로 뛰어들었고 투자금보다 훨씬 많은 부채를 안고 망해갔다. 뒤이어 터진 카드 대란은 개인 파산자를 무수히 양산했다. 부모가 빚에 시달리자 대학에 다니던 자녀들은 휴학과 복학을 반복하며 졸업을 유예한다. 매년 물가상승률을 아득히 초과해 뛰어오르는 대학 등록금은 기존의 빚에 이자까지 더해 쌓여간다. 겨우 졸업해서 직장에 취직하더라도 임시직, 계약직과 같은 비정규직이다. 받는 돈은 정규직의 절반 수준이라 가족의 부채를 갚기는커녕 자기 명의의 빚만 더 늘어간다. 이 직장 저 직장을 비정규직으로 전전하거나 기약 없이 정규직이 될 날만 기다린다. 몇 년이나 일해도 역량과 경력을 쌓을 기회가 부여되는 건 정규직뿐이다. 한국에서 비정규직이란 그저 쓰다 버려지는 소모품이다. 상당수는 직장을 그만두고 다시 고시 준비에 매달리기도 한다. 언제 합격할지 모르는 자녀를 위해 가난한 부모는 다시 빚을 내 지원한다. 가족 모두가 빈곤의 연쇄에 얽혀 들어가는 것이다.

『88만 원 세대』 이후, 무엇이 변했나

『88만 원 세대』 출간 이후 사회적으로도 적지 않은 논의와 변화가 있었다. 저자로서 냉정하게 자기평가를 해볼 시점이 된 것 같다. 긍정적인 변화를 우선 꼽자면 한국의 젊은이들이 처한 상황에 대해 예전과 비교할 수 없이 사회적 관심이 커졌다는 점이다. 동의 여부를 떠나 담론이 활성화되고 사회적 의제가 됐다는 건 문제 해결의 첫걸음이다. 젊은 세대 스스로의 움직임도 여기저기서 활발해졌다. 20대 당사자 운동을 표방하는 단체가 활동을 시작하기도 했고, 몇 해 전과 달리 대학 등록금 문제를 놓고 대학생들이 직접 나서서 조직적인 행동에 나서고 있다. 2008년 촛불시위에 참여한 많은 88만 원 세대들이 자신들이 처한 현실에 대해 분노를 터뜨리며 발언하는 모습도 심심찮게 볼 수 있었다. 온라인에서의 자기주장도 강렬해졌다.

하지만 한계도 명확히 드러났다. 가장 뼈아픈 것은 구체적이고 제도적인 변화가 거의 전무하다는 것이겠다. 오히려 상황은 더 나빠졌다. 노동문제 전문가들을 황당하게 만들었던 전경련의 대졸 초임 삭감 발표가 대표적 사례다. 전경련은 2009년 2월 25일, 30대 그룹 채용 담당 임원들이 참석한 '고용 안정을 위한 재계 대책회의'를 열었다. 이 자리에서 대기업 신입사원 임금을 최대 28% 삭감한다는 계획이 발표됐다. 그리고 이 계획이 "고용 안정을 위해 고통을 분담하며 일자리를 나누는 잡 셰어링job sharing"이라 밝혔다. 신입사원의 임금을 대폭 삭감하겠다는 말을 하면서도 대기업 임원진의 연봉 삭감에 대해서는 일언반구도 없었다. 며칠 후 공기업 경영진들도 "신입사원 임금을 최대 30% 삭감할 것"이라 선언했다. 이에 호응하는 움직임이 금융기관과 민간기업으로 급속히 확산됐다. 스스로 명시한 '고용 안정'이라는 목표와 '인턴사원을 더 고용하겠다'는 수단은 명백한 모순이다. 한국에서 '인턴사원'은 풀타임 비정규직 노동자를 의미한다. 요컨대 전경련은 불안정 노동자(비정규직)를 고용하기 위해 신입사원의 임금을 삭감하겠다고 말하는 셈이다.

잡 셰어링의 원래 정의는 "하나의 업무를 복수의 파트타임 업무로 나누는 것"을 의미한다. 워크 셰어링work sharing은 알려진 것처럼 노동시간 단축을 통해 고용의 안정성을 크게 해치지 않으면서도 고용을 늘리는 방식이다. 사민주의社民主義 전통이 강한 유럽에서 다양한 형태로 전개되었고 성공 사례도 적지 않다. 이번에 한국의 전경련이 발표한 '잡 셰어링'은 정규직 신입사원의 실질임금을 삭감해 비정규직을 고용하겠다는 것이므로 잡 셰어링도, 워크 셰어링도 아니다. 이런 고용 형태를 지칭하는 개념은 따로 존재한다. 바로 '일자리 쪼개기(잡 스플리팅job splitting)'로서, 오직 기업의 이윤 극대화만을 목표로 '노동의 유연화' 또는 '정규직의 비정규직화'하는 전형적인 신자유주의적 고용 형태를 일컫는 말이다. 『머니투데이』 2009년 2월 26일자 보도에 따르면, 1월 15일 열린 제2차 비상경제대책회의에서 이명박 대통령은 "고통 분담 차원에서 임금을 안정시켜 실질적으로 고용을 늘리는 '잡 셰어링'에 대한 구체적 대안을 강구하라"고 지시했고, "대졸 신입사원의 초임을 낮추는 안이 구체적으로 논의되었다"고 한다. 이때부터 한 달 남짓 지나 전경련의 발표가 나오게 된다. 한마디로 청와대와 재계의 공모다. 미국발 경제 위기를 기회로 취업을 앞둔 88만 원 세대를 일방적 희생양으로 삼은 것이다.

이렇게 정부와 재계가 88만 원 세대를 경제적으로 '매장'시키는 동안, 소위 진보개혁 인사들은 이들을 정치적으로 '매장' 시켜왔다. 이런 경향은 17대 대선, 18대 총선, 촛불시위, 노무현 전 대통령 서거 같은 정치적 사건 이후 반복적으로, 그리고 강박적으로 불거져 나왔다. 88만 원 세대에 대한 윗세대의 혐오는 한마디로 "무능하고 무기력하며 '수구꼴통'스럽다"는 것이다. 이내 그 논리는 "이명박이 당선되고 나라가 이 모양 이 꼴이 된 건 너희 때문"이라는 식으로 비약한다. 18대 총선 직후에는 '20대 투표율 19%'라는 인터넷 루머―물론 사실이 아니었다―를 근거로 진보적 지식인들이 88만 원 세대를 비난하는 웃지 못할 해프닝이 벌어졌고(「20대 투표율 19%는 대의정치 위기」, 『경향신문』), 2008년 촛불시위가 한창일 때는 광장에 나온 10대에 감격한 '386세대'들이 20대들을 10대와 비교하며 성토하는 발언을 연일 쏟아냈다. 노 전 대통령 서거 이후 김용민 한양대 겸임교수는 '결정판' 격인 칼럼을 발표한다. 「너희에겐 희망이 없다」는 제목의 글에서 그는, 노무현 대통령 분향소가 경찰에 '털렸을' 당시 대학생이 보이지 않았고 20대는 바쁘다며 집회에 참석하지 않으려 한다며 분통을 터뜨린 뒤 이렇게 충고한다. "……나는 (촛불의 발화점이 됐던) 10대에게 큰 기대를 건다. ……이 아이들이 졸업하면 너희 세대를 앞지를 것이고 우리 사회의 중심이 될 거라 믿는다. ……하지만 어쩔 수 없다. 너희는 안 된다. 뭘 해도 늦었기 때문이다."

그야말로 세대 담론이 어떻게 인종주의적 자질론으로 흐르게 되는지를 보여주는 모범 사례라 할 만하다. 김용민 씨의 논리는 2002년 촛불시위에 참여한 엄청난 수의 10대들이 바로 지금의 20대라는 사실, 2008년 촛불시위 당시 새벽까지 이어지는 집회에서 매일 최후까지 남아 가장 격렬히 저항했던 이들이 대학생들이었다는 사실만 지적해도 간단히 허물어진다. 게다가 '386세대'가 자신의 뒷세대인 김용민 교수를 똑같은 논리로 비난해도, 예를 들어 "잘나가던 학생운동을 말아먹은 게 너희들 아니냐"고 비난해도 그는 반박할 수가 없다. 이런 인종주의적인 논리는 기본적으로 무한퇴행 논변이고 자멸적이기 마련이다. 때문에 언제나 부메랑처럼 자신을 향해 날아온다.

모든 세대의 능력은 동일하다. 다만 사회적 조건이 다를 뿐이다. 덧붙여, 지금의 10대와 20대는 공히 같은 사회적 조건에 처해 있다. 이 간단한 진실을 기억하지 않으면, 청년 빈곤이라는 이슈도 순식간에 인종주의적 자질론의 함정에 빠지기 십상이다. 88만 원 세대 담론이 나온 지 2년, 성과는 이렇게 초라하다. 하지만 현실을 인정해야 우리가 처한 조건들을 더 명확히 인식할 수 있다. 경제 주체로서도, 정치 주체로서도 배제되는 청년들의 오늘을 아프게 기록해두는 이유다.

변화를 위한 사회적 조건들

88만 원 세대 담론의 유행과 더불어 청년 빈곤 문제가 한국만의 문제가 아니라는 사실도 대중적으로 알려지게 되었다. 역시 비정규직 문제가 큰 사회적 이슈가 된 일본의 상황과 프리터 노조의 존재가 주류 매체를 통해 전해지는가 하면, 아마미야 카린, 마츠모토 하지메 등의 빈곤운동 활동가들이 한국을 여러 차례 방문해서 특정 단체와 연대의사를 표하기도 했다. 그 과정에서 프리캐리어트precariat라는 용어가 꽤 빈번히 사용됐다. 프리캐리어트란 'precarious'와 'proletariat'의 합성어로 불안정 노동에 시달리는 신 무산계급을 의미한다. 그래서인지 한국에서는 이 말이 일본에서 처음 만들어진 것이라고 인식됐다. 즉, 한국은 '88만 원 세대', 일본은 '프리캐리어트'라는 식으로 개념화가 되어버린 것이다. 하지만 실은 이 말의 최초 진원지는 서유럽이다. 2001년 이탈리아 밀라노에서 열린 메이데이 퍼레이드에서 산 프리캐리오Saint Precarious, '불안' 성자가 상징으로 사용됐고, 이후 매년 유럽 각국 도시를 돌며 정례화된 유로 메이데이Euro Mayday 행사에서 'Anti-Precarity', 'Precariat'와 같은 구호가 나타나기 시작했다. 유로 메이데이를 주도한 이들은 2000년 시애틀 반反신자유주의 시위, 2001년 제노바 G8 정상회의 시위에 적극적으로 참여했던 급진좌파 활동가들이었다. 유로 메이데이는 해마다 참가자 수가 폭발적으로 늘어나고 있는 추세다.

일본의 프리터족, 한국의 88만 원 세대, 서유럽의 프리캐리어트 모두가 지난 수십 년간 몰아쳤던 신자유주의 세계화의 산물임이 분명하다. 하지만 그렇다고 해서 '선진 자본주의 국가가 대부분 겪는 문제'라거나 '한국이 선진국으로 가는 성장의 단계'라는 식의 관점으로 문제를 바라보는 이들도 적지 않게 존재한다. 이 관점에는 두 가지 판본이 있는데, 하나는 '신자유주의자 판본'이고 다른 하나는 '근본주의 좌파 판본'이다. 신자유주의자 판본은 청년 빈곤의 문제를 일종의 성장통으로 간주한다. 즉, 이런저런 문제가 발생하는 것은 한국 사회가 아직 세계시장 질서에 제대로 통합되거나 적응하지 못한 부작용이라는 것이다. 이들은 불안정 노동 문제도 노동시장에 존재하는 각종 규제나 장벽, 예컨대 정부의 과도한 노동보호정책이나 기존 노조의 경직성과 같은 것들을 말끔히 쓸어버리면 시장원리에 의해 매끄럽게 돌아갈 수 있다고 믿는다. 또한 이들은 수십 년간 유럽의 코포라티즘(협상/합의제 자본주의)과 일본, 한국 등의 국가주도형 자본주의가 얼마나 자본주의의 성장을 방해하고 있는지에 대해 수백 가지 논거를 축적해왔다. 최근 미국 서브프라임 사태 이후 이들의 위세가 다소 잠잠해지긴 했지만 여전히 세력은 탄탄하다. 근본주의 좌파 판본은 신흥빈곤계급의 출현을 인정하지 않는데, 이들은 단지 자본주의의 모순이 격화되는 와중에 나온 부산물이며 부르주아지와 프롤레타리아트의 근본 적대가 해소되면, 즉 자본주의 자체가 붕괴하면 모든 문제가 해결될 수 있다고 믿는다.

두 가지 판본 모두 나름의 논리가 있고 경청할 만한 지점이 있지만, 공히 지금 벌어지고 있는 고통스런 현실에 대한 대응책을 내놓지 않는다는 공통점을 갖고 있다. 한쪽은 문제라고 인식하는데 다른 한쪽은 문제라고 인식하지 못한다면 어떤 접점도 생길 수 없다. 근본주의 좌파 판본보다도 신자유주의자 판본이 더 문제인 이유는 이런 관점이 문제를 방치할 뿐 아니라 문제에 대한 적극적인 개입도 거부하기 때문이다. 따라서 선결 조건은 모든 것을 신자유주의로 추상화해버리는 함정에 빠지지 않는 것이다. 문제의식을 구체화해서 사회적 차원으로 최대한 확산시키는 게 중요하다. 이것은 한국이건 일본이건 서유럽이건 똑같이 적용되는 과제다.

그러나 문제를 해결하는 방식마저 같은 수는 없다. 사회적 조건이 다르기 때문이다. 청년 빈곤 문제야말로 '동시성의 비동시성'이라는 사유가 필요하다. 한국, 일본, 서유럽은 자본주의와 노동운동이 발달해온 궤적과 노동/자본 간 역학구도가 다르고, 둘째로는 사회안전망의 차이로 인해 문제가 발현된 시기나 양태, 심각성이 다르며, 셋째로 저항의 동력과 양식이 다르다. 예를 들어 한국과 일본이 똑같이 청년 빈곤 문제를 가지고 사회운동을 조직할 때, 일본은 렌고(일본노동조합총연합회)를 배제하고 프리터 노조가 주도하게 될 테지만 한국은 민주노총이라는 조직을 배제하기 어렵다. 비슷한 국가주도형 자본주의 사회라 할지라도 노동운동의 역량이나 정치사회적 위치, 비정규직 운동의 결합 정도 등에서 한국과 일본 사회는 천양지차이기 때문이다. 민주노총이 정규직 중심주의, 경제주의 등으로 많은 비판을 받았고 또 받을 만하지만, 민주노총만큼 비정규 부문 운동에 힘을 쏟는 총연맹노조는 세계 어디를 살펴봐도 없는 것 또한 사실이다. 또 2006년 CPE(최초고용계약제) 투쟁으로 국가 전체를 완전히 마비시켜버렸던 프랑스의 대학생들과 한국의 대학생을 단순 비교하면서 너희는 왜 저렇게 저항하지 못하느냐고 윽박지르는 것만큼 공허한 일도 없다. 이러한 나름의 사회적 특수성과 조건들을 치밀하게 고려하지 못한 채 단순히 외국의 좋은 제도를 도입하자고 해봐야 문제가 해결되지는 않는다. 88만 원 세대 이후 2년이 남긴 교훈이 있다면 바로 그것이다. 광범위한 사회적 공감대, 저항의 주체, 명확한 목표, 기존 사회운동조직의 연대 없이는 누구나 동의할 만한 외국의 좋은 제도 하나조차 도입하기 어렵다.

세대 담론과 성장 담론을 넘어서

한국 비정규직의 연령별 분포를 보면 20대와 50대에서 쌍봉형으로 높은데, 얄궂게도 부모 세대와 그들의 자녀 세대가 공히 비정규직 문제의 최대 피해자다. 그러나 88만 원 세대와 그 부모 세대의 빈곤은 단지 그들 세대만의 불행이 아니라 한국 사회 전체의 불행이다. 이들이 구매력을 상실하면 내수시장이 침체해서 국민경제에 해롭다는 점도 그렇지만 더 주목해야 하는 건 이것이 장기적으로는 사회 붕괴의 명백한 신호라는 점이다. 현재의 신자유주의적 산업구조와 고용구조를 그대로 유지하거나 더욱 강화하는 한, 사회의 부는 더욱더 소수에게 집중될 수밖에 없다. 글로벌 기업과 자산가들은 별다른 제재가 없는 한 쪼그라드는 내수시장에 투자할 이유가 없다. 그래서 자본과 일자리는 해외로 이전되고 국민경제는 더욱 활력을 잃게 될 것이다. 그 결과 지금 20대 대다수가 30대, 40대가 되어도 그들은 빈곤할 것이며, 지금 10대가 20대가 되어도 마찬가지다. 지금 40대가 50대가 되면 그들 역시 조기은퇴 등으로 실직하거나 급속하게 비정규직화되면서 빈곤해질 것이다. 즉, 세대를 관통하며 빈곤이 확산되어갈 수밖에 없는 구조다. 다른 모든 조건이 동일하다면, 이 빈곤의 확대연쇄가 끝나는 경우의 수는 논리적으로 단 하나다. 이들 모두가 빈곤으로 인해 출산과 양육을 포기하고 생물학적 재생산을 멈추어 절멸하는 것.

『88만 원 세대』는 젊은 세대에 대한 사회적 응급조치를 통해 이런 빈곤의 연쇄를 끊어야 한다는 주장이었다. 그래서 이 책은 사회의 붕괴를 막기 위한 윤리적 호소라는 점에서 보수적이지만, 새로운 정치적 저항의 주체를 요청한다는 점에서는 급진적이기도 하다. 청년 빈곤 문제 혹은 88만 원 세대 담론은 한 세대의 낙오와 탈락을 말하고 있다는 점에서 세대에 대한 이야기다. 하지만 그것이 20여 년을 관통하는 사회구조 변동의 산물이자, 모든 사회성원이 직면한 불안정 노동 전면화의 한 단면이라는 사실을 환기할 때, 세대에 대한 이야기만은 아니다. 이것은 경제의 문제인가? 물론 그렇다. 그러나 경제에 대한 이야기만은 아니다. 경제학이 말하는 '수요'는 구매력을 전제하며, 따라서 구매력이 없는 자는 수요로 존재하지 않는다. 자본의 셈에 포함되지 못하는 인간, 몫 없는 인간, 낙오하고 탈락한 인간, 결국 아무도 아닌 저 수많은 사람-우리를 어떻게 '셈'해야 하는가. 낙오와 탈락과 불평등에 민감하게 반응하는 순간, 비로소 우리는 우리 스스로 발 딛고 있는 이 세계가 아름답고 추상적이며 평평하고 매끈한 경제의 공간이 아님을 깨닫게 된다. 그곳은 정치의 들판, 윤리의 바다, 주체의 숲이다.

—『황해문화』64호, 2009년 가을

텅 빈 기표가 된 '김예슬 선언'

> 김예슬의 말과 글에 담긴 사상과 감성은 '래디컬'한 게 아니라 낭만적이다. 그녀의 태도대로라면 '투쟁과 연대'의 자리는 '희생과 나눔'이 차지할 것이다.

2010년 3월 '김예슬 선언'을 보자마자 나는 "온 마음으로 지지한다"라는 글을 블로그에 올렸다. 지금도 지지하는 마음에는 전혀 변함이 없다. 하지만 이후 출간된 그녀의 책과 매체 인터뷰 등을 읽는 건 꽤 불편한 경험이었다. '래디컬radical'한 그녀의 사상이나 신념을 보고 나 자신을 성찰하게 되어 그랬던 건 아니다. 몇 가지 다른 이유가 있다.

첫째, 그녀의 말과 글들이 주는 모종의 거부감 때문이다. 대개가 팽팽하게 부풀어 오른 자의식을 지나치게 날것 그대로 노출시키는 텍스트였고, 분절된 짧은 호흡의 사유들이 권위적이고 딱딱한 어휘에 실려 쉼없이 내뱉어지고 있었다. 사실 그녀의 말과 글에 담긴 사상이나 감성들은 래디컬한 게 아니라 낭만적이라 해야 옳다. 급진주의가 '예외 없는 집단적 변혁을 위한 근본적이고 비타협적인 태도'라면, 낭만주의는 '예외적 개인들의 의지와 결단을 통해 사회를 변화시키려는 태도'다. 그래서 급진주의자는 자신이 추구하는 가치의 정합성을 중요시하지만, 낭만주의자는 추구하는 가치의 진정성을 중요시한다. 역사적으로 낭만적 자의식이 뛰어난 예술을 낳은 경우는 많지만 사회 변혁을 만들어낸 경우는 거의 없다.

김예슬의 글을 보자. "우리 사회의 진보는 충분히 래디컬하지 않다. 충분히 래디컬하지 못하기 때문에 쓸데없이 과격하고, 위험하게 실용주의적이고, 민망하게 투박하고, 어이없이 분열적이고, 놀랍도록 실적 경쟁에 매달린다." 이 주장에 반박할 수 있는 진보 인사가 있을까? 없다. 그 이유는 저 문장이 타당해서가 아니라 저 말에 별 의미값이 없기 때문이다. 그저 '옳은 얘기구나' 고개를 끄덕일밖에. 화려한 레토릭(수사)으로 비판을 대체하는, 전형적인 케이스다.

내 불편함의 두 번째 이유는 '명문대생' 김예슬을 향한 일각의 냉소에 대한 그녀의 태도에 있다. "김예슬이 떠난 그 학교에 저는 가고 싶습니다", "저도 김예슬 씨처럼 포기할 학벌이나 있었으면 좋겠네요", "삼류대생이 저런 선언 했으면 과연 어땠을지……" 등과 같은 반응이 20대를 중심으로 격렬하게 분출됐다. 이런 냉소적 반응들은 그 자체로 한국 사회의 학벌주의와 대학 서열화라는 문제가 얼마나 심각한지를 드러냄과 동시에, 김예슬 선언의 '어떤 이면'을 환기하는 효과가 있었다. 하지만 그 냉소적 시선이 '김예슬 선언'의 실존적 울림과 사회적 중요성에 대한 유의미한 문제 제기라고 보기는 어렵다. 어쨌든 김예슬은 자신이 가진 거의 유일한 기득권을 포기했다. 누구에게나 기득권을 포기하는 일은 어렵다. '김예슬 선언'의 유물론적 보편성은 바로 거기에서 나온다.

지지하는 만큼 치열하게 비판하고 토론해야

그런데 김예슬은 명문대생 운운하는 반응에 대해 참으로 생뚱맞게도 "대학에 가지 못한 분께 진심으로 사죄의 마음을 전한다"라고 말한다. 뒤통수를 때리는 반전이었다. 나는 김예슬의 이 사죄를 사회운동가적 태도가 아니라 종교인적인 태도라고 생각한다. 중생의 죄를 대속하고, 타인의 죄도 내 탓이라 머리를 숙이는 종교인. 그렇다면 '투쟁'과 '연대'의 자리를 대신 차지하는 건 '희생'과 '나눔'이 될 터다.

결국 우리들 중 누구도 '김예슬 선언'을 진지하게 생각하지 않았다. 정말 진지하게 생각했다면 그녀의 말과 글을 정면에서 비판하고 치열하게 토론했어야 했다. 하지만 진보 진영의 '선생님'들은 감탄과 찬사를 쏟아내기에 바빴고, 또래들은 외계인이라도 본 양 신기해하거나 냉소했다. 김예슬은 자신이 사죄하지 않아도 될 일을 사죄하고, 정작 성찰해야 할 지점에 대해서 아무 말도 하지 않는다. 그렇게 '김예슬 선언'은 누구나 언급하지만 아무도 대답하지 않는 텅 빈 기표가 되었다.

―『시사IN』139호, 2010년 5월

대한민국 '청년 대학살' 기억하나요?

극소수의 핵심 일자리만 빼고 대부분의 일자리를 외주화·비정규화하는 것. 인턴으로 돌리다 던지고, 알바로 쓰다 버리는 것. 이게 일자리 쪼개기의 실체다.

2009년 2월, 대한민국 땅에서 벌어진 '청년 대학살'을 기억하는가. 무슨 소리냐고 눈을 깜박이는 사람도 있을 것이다. 공수부대가 시민에게 총을 난사하는, 그런 학살은 아니었다. 그러나 감히 말하건대 그건 '학살'이었다. 그때 취업을 앞둔 수많은 청년 구직자들의 미래가 일방적으로 학살당했다. 이른바 '대졸 초임 삭감' 사건이었다.

전경련은 2009년 2월 25일, 30대 그룹 채용 담당 임원이 참석한 '고용 안정을 위한 재계 대책회의'를 열고 대기업 신입사원 임금을 최대 28% 삭감한다는 계획을 발표했다. 그리고 이 계획이 "인건비 절감을 통해 인턴 직원을 더 뽑기 위한 일자리 나누기"라 밝혔다. 이것을 그들은 '잡 셰어링job sharing'이라 불렀다. 며칠 후 공기업 경영진들도 "신입사원 임금을 최대 30% 삭감할 것"이라 선언했다. 이에 호응하는 움직임이 금융기관과 민간 기업으로 급속히 확산됐다.

이건 전경련의 '단독 범행'이 아니었다. 같은 해 『머니투데이』 2월 26일자 보도에 따르면, '잡 셰어링 논의의 진원지는 청와대 지하 벙커'였다. 1월의 제2차 비상경제대책회의에서 이명박 대통령은 "고통 분담 차원에서 임금을 안정시켜 실질적으로 고용을 늘리는 '잡 셰어링'에 대한 구체적 대안을 강구하라"고 지시했고, '대졸 신입사원의 초임을 낮추는 안이 구체적으로 논의'됐다. 이때부터 한 달 남짓 지나 전경련의 발표가 나왔다. 기득권과 기성세대는 놀랍도록 일사불란하게 움직였다. 노동조합과 최소한의 노동법에서도 보호받지 못하는 취업준비생들은 미처 저항할 겨를도 없이 자신들의 몫을 일방적으로 약탈당했다.

2년이 지난 2011년 현재, '대학살'의 흔적은 참혹하다. 단적인 예로 국민은행의 경우, 2010년 무려 2000명의 인턴 사원을 뽑았지만 이 중 정규직이 된 사람은 거의 없다. 『매일노동뉴스』의 최근 기사도 잠깐 읽어보자.

공공기관의 신입 초임 평균 연봉은 2770만 원에서 2490만 원으로 10.3% 하락했다. 그런데 신규 채용 인원은 같은 기간 22.5% 떨어졌다. 일자리 나누기를 위해 신입사원 임금을 깎았는데 신규 채용 인원은 되레 줄어든 것이다.*

인턴 X와 알바 Y가 어떻게 노동자 정당을 지지할까

2009년 대졸 초임 삭감이 워낙 '결정타'여서 그렇지, 사실 지난 10여 년간의 상황은 글자 그대로 악화 일로였다. 전경련이나 청와대가 말하는 '잡 셰어링'이란 '고용 안정'을 위해 '불안정 노동(인턴)'을 확산시키자는 것이므로 애당초 상식적으로 말이 안 되는 헛소리였다. 그런 몹쓸 짓을 가리키는 개념은 따로 있다. 바로 '일자리 쪼개기$^{job\ splitting}$'다. 극소수의 핵심 일자리만 빼고 대부분의 일자리를 외주화·모듈화·비정규화하는 것. 인턴으로 돌리다 던지고, 알바로 쓰다 버리는 것. 그게 바로 일자리 쪼개기의 실체다.

진보적인 어떤 사람들은 "요즘 청년들은 노동자가 아니라 CEO가 되길 욕망한다"라고 말한다. 일리가 있는 이야기다. 어떤 맥락이 추가된다면 충분히 동의할 수도 있다. 하지만 수많은 청년이 노동자로서 정체성을 가질 기회조차 갖지 못한다

---

* 「대졸 초임 삭감 2년, 남은 건 차별 상처뿐」, 『매일노동뉴스』, 2011년 3월 28일자.

는 게 더 사실에 부합하는 진술이 아닐까. '인턴 X'와 '알바 Y'를 전전하는 이가 어떻게 노동자의 감수성을 가지고 노동자의 정당을 지지할 수 있을까. 그들 대다수는 인턴 X일 때는 언젠가 정규직이 될 수 있을 거란 기약 없는 희망을 부여잡고, 알바 Y일 때는 잠시 쉬어가는 것뿐이라 스스로를 안심시키며 열정을 착취당하고 인권을 유린당한다. 우리의 미래는 그렇게 노심 용해meltdown되기 직전이다.

—『시사IN』 187호, 2011년 4월

환상을 대의할 수는 없다

환상은 대의될 수 없다. 기성세대의 머릿속에 존재하는 그런 청년은 어디에도 존재하지 않는다.

돌이켜보면 한국의 제도권 정당은 늘 '젊은 피' '새 피'를 갈망해왔다. 그렇다고 그 당들이 뱀파이어처럼 섹시해졌을까. 물론 아니다. 신선한 피가 흘러들어가 대부분 썩은 피가 됐다. 그러나 젊은 피 수혈론은 점점 더 강박증에 가까워졌다. 정당이 이토록 생물학적으로 젊어지려 안간힘을 쓰는 데엔 이유가 있다. 늘 자기 쇄신에 실패하기 때문이다. 아니면 애초에 그런 귀찮고 힘든 짓을 할 생각이 전혀 없기 때문이거나.

아무튼 해사한 얼굴의 젊은 정치인은 당이 마치 젊어진 것 같은 착시 효과를 일으킨다. 대중적 인기까지 얻으면 더 좋다.

4·11 총선에서 각 당이 벌인 청년비례대표 선출 '쇼'는—그렇다, 정확히 그것은 쇼의 형식을 갖고 있었다—유구한 전통의 '젊은 피 수혈론'이 다다른 '막장'이다. 정치는 자신이 요구하는 청년상이 실은 예능의 하위 범주임을 노골적으로 드러냈다. 통합진보당의 청년비례대표 선출 프로젝트의 이름은 '위대한 진출'이었다. 모 방송사의 서바이벌 오디션 프로그램명인 〈위대한 탄생〉을 흉내 낸 것인데, 심지어 로고 디자인까지 똑같이 베꼈다.

'위대한 진출'의 최종 우승자는 21세기 한국대학생연합(한대련)의 김재연 씨였다. 통합진보당 내 민주노동당 계열로 분류되는 인물이다. 민주통합당에서도 4명의 청년비례대표 후보가 확정됐다. 4명 중 장하나 씨, 정은혜 씨는 민주당과 당 관련 기관 출신이었고, 청년비례당선 1등인 김광진 씨도 시민통합당 출신이다. 대대적으로 홍보한 만큼 신선한 바람을 일으켰냐고 물으면, 대다수의 사람들이 고개를 저을 수밖에 없다. 소위 전문가들조차 각 당 청년비례대표 1순위가 누구인지 얼른 떠올리지 못할 정도다. 오히려 사람들의 관심은 새누리당의 20대 비대위원 이준석 씨와 지역구에서 문재인 후보와 맞붙은 20대 후보 손수조 씨에게 쏠렸다. 새누리당은 청년비례대표를 단 한 명도 뽑지 않았으면서도 '20대 홍보 효과'를 톡톡히 누렸다. 농사도 안 짓고 열매만 따먹은 셈이다.

내용은 없고 경쟁만 있는 공허한 서바이벌

민주통합당, 통합진보당 그리고 새누리당이 '젊은 피'를 수혈하는 방식은 조금씩 달랐다. 하지만 이들이 청년 세대를 '활용'하는 방식에는 본질적인 공통점이 있다. 한마디로 '내용은 없고 경쟁만 있다No Contents, Just Survival'는 것. 속사정은 어땠는지 모르지만 일단 드러난 모습만 봐서는, 청년비례대표 후보 선출 과정에서 민주통합당과 통합진보당에게 중요한 건 '생물학적 젊음'을 어필하는 것이지 실제로 청년 세대가 삶의 현장에서 겪는 구체적 문제들을 선거의 화두로 제시하는 게 아니었다. 고민이 없다 보니 특별한 쟁점도 없었다. 그저 '청년들에게 희망을 주겠다'는 메시지만 덩그러니 놓여 있을 뿐이다. 상황이 이렇다 보니 당으로서도 서바이벌 오디션이라는 예능 형식만 부각할 수밖에 없게 된다. "젊은이 한두 명 국회로 보내서 뭘 하겠다는 건지 모르겠다"는 냉소가 나오는 건 그 때문이다. 이미 청년 세대 스스로가 이런 식의 '수혈'이 얼마나 얄팍한 일회성 이벤트인지를 간파하고 있는 것이다.

새누리당의 '내용'은 더 처참하다. 이 당의 전신, 한나라당 대통령 후보로 나온 이명박 씨는 청년 실업 대책을 묻는 20대에게 "눈높이를 낮춰라"라는 답을 당당히 내놓았더랬다.(2007년 9월 12일 목원대 취업박람회장) 놀랍게도 혹은 놀랍지 않게도 그때 이후 새누리당의 청년 문제에 대한 인식은 별반 달라지지 않왔다. 예컨대 오늘날 청년들이 노동시장에 처음으로 진입할 때 필연적으로 직면하는 거대한 벽, 비정규 노동의 문제를 보자. '비정규직 차별 개선' 항목에 실천 방안이라고 적어놓은 게 이런 식이다. '사용자가 비정규직에 차별적 처우를 한 경우 노동부 장관 시정 요구'(『새누리당 19대 총선 공약집 상세본』) 그런데 '시정을 요구'하면 시정이 될까?

그나마 민주통합당과 통합진보당은 청년비례대표 선출 과정을 국민들과 함께하려는 시늉이라도 했다는 점에서 점수를 줄 만하다. 이준석 씨처럼 하버드를 졸업한 '스펙' 좋은 청년과 손수조 씨처럼 과잉의 진정성을 연출하는 열정적 청년을 한두 명 간택해 '왕관'을 씌워주는 새누리당의 권위주의적인 방식은 청년 세대에 대해 이 당이 가진 인식이 어떤 종류인지를 명확히 보여준다. 통합진보당 방식이 '위대한 진출'이라면 새누리당의 것은 '위대한 꼰대'다. 이준석과 손수조는 기성세대가 욕망하는 청춘의 모습 그 자체라 할 수 있다. 한 명은 '화려한 스펙'을, 다른 한 명은 '순수한 열정'을 상징한다. 새누리당은 우익답게 '보수적 기성세대'가 가진 세대 판타지를 일말의 주저도 없이 투명하게 드러낸다. 반면 '진보적 기성세대'가 가진 세대 판타지도 있다. 진보의 세대 판타지는 보수의 그것('스펙'과 '열정')과 기본적으로 유사하지만, 상황에 따라 20대 혐오론과 20대 희망론의 양 극단을 순식간에 넘나든다는 점에서 최소한의 일관성도 없는 분열증적 판타지다.

세대 판타지의 극과 극

20대 혐오론, 좀 더 정확히 말해 '20대 개새끼론'이라는 단어로 유통된 진보 진영의 20대 혐오론은 17대 대선, 18대 총선, 촛불시위, 노무현 전 대통령 서거 같은 사건이 벌어질 때마다 반복적으로 불거져 나왔다. 청년 세대에 대한 기성세대의 혐오는 한마디로 "무능하고 무기력하며 보수적"이라는 것이다. 이내 그 논리는 "이명박이 당선되고 나라가 이 모양 이 꼴이 된 건 너희 때문"이라는 식으로 비약한다. 18대 총선 직후에는 '20대 투표율 19%'라는 인터넷 루머─물론 사실이 아니었다─를 근거로 진보적 지식인들이 20대를 비난하는 웃지 못할 해프닝이 벌어졌다. 2008년 촛불시위 이후로는 광장에 나온 10대에 감격한 기성세대가 20대를 10대와 비교하며 성토하는 발언을 연일 쏟아냈다. 잘 알려진 김용민 씨의 칼럼 「너희에겐 희망이 없다」가 대표적 사례다. "10대는 2008년 광화문에서 촛불을 들었지만 20대는 제대로 저항하지 못하는 세대이고 그래서 희망이 없다"는 비난이었다. 김 씨는 그러나 훗날 4·27 보궐선거 이후 젊은 세대의 투표가 강남 주민의 한나라당 몰표를 압도할 정도의 '진보성'을 드러내자 언제 그랬냐는 듯 사과한다. 그러고는 느닷없이 '20대 희망론'을 펼쳤다. 단 한 번의 선거를 통해 20대에 대한 입장이 극에서 극으로 옮겨간 것이다.

혐오론이든 희망론이든, 세대 판타지는 이렇게 보수와 진보를 가리지 않는 '사회적 돌림병'으로 지난 몇 년간 많은 해악을 끼쳐왔다. 특정 세대가 보수적이거나 진보적이라는 식의 낙인찍기가 얼마나 허망한 짓인지는 몇 가지 데이터만 봐도 알 수 있다. 2002년의 촛불, 사실상 '최초의 촛불'이라 불리는 효순·미선 추모 촛불시위에서 용감하게 거리로 나와 촛불을 든 10대는 누구인가? 바로 김용민과 우석훈 같은 이들이 비난했던 지금의 20대다. 코호트cohort, 인구학적 연령 집단로 따져봐도 정확히 겹치는 집단이다. 그렇다면 10대 때엔 진보적이었던 그들이 20대가 되면서 보수로 변신했다가 2011년 4·27 보궐선거를 기점으로 또다시 전향해 진보가 된 것일까? 카멜레온처럼 변신에 변신을 거듭하는 그들은 보수인가, 아니면 진보인가?

프레카리아트의 정치로

20대만 그런 게 아니다. 『내일신문』은 「경제 위기가 40대를 왼쪽으로 밀었다」라는 기사에서 2010년과 2011년의 여론조사 결과를 비교해 40대의 진보성에 주목한다. "40대의 진보화가 빠르게 진행되는 것으로 나타났다. 이번 조사에서 40대는 복지(49.3%)와 성장(50.7%)을 비슷하게 선택했다. 1년 전 현대정치연구소 조사에서 복지(38.2%)보다 성장(61.8%)이 압도적이었던 것과 대조된다." 그러나 정작 이 기사가 보여주는 흥미로운 측면은 '40대의 진보성'이 아니라, 불과 1년 사이에 보수에서 진보로 단박에 넘어가는 이념적 진폭이다. 바꿔 말한다면 40대는 또다시 진보에서 보수로 돌아설 수 있다는 얘기다. 이 여론조사의 함의는 명백하다. 세대의 이념 성향이란 게 별로 신뢰할 수 없는 지표라는 것이다. 계급 적대가 정당을 통해 제대로 대의되지 못하는 한국 사회이기에 특정 세대의 이념은 계기에 따라 끊임없이 진동할 수밖에 없다. 섣부른 20대 혐오론과 20대 희망론에 공히 거리를 두어야 할 까닭이 여기에 있다.

청년비례대표제의 내용이 부실하다고 해서 애초의 취지까지 근본적으로 부정할 필요는 없다. 참정권은 선거권만이 아니라 피선거권이기도 하다. 보다 많은 청년 세대가 제도정치의 영역에서 피선거권을 행사할 수 있게 된다면 그 자체로 일종의 진보라 할 수 있다.

하지만 그것으로는 역시 충분치 않다. 이번 총선에서 여실히 드러났듯 '대표되지 않는 청년비례대표'라는 문제는 다시금 정치에 대한 냉소를 불러오는 이유가 된다. 국회로 간 극소수의 청년들은 대체 누구를 대변하고 있는가? 이것은 '노동이 빠진 세대론', 그리고 기성세대의 세대론적 판타지가 필연적으로 도달할 수밖에 없는 귀결이다.

'프레카리아트precariat'라는 말이 있다. 'precarious'와 'proletariat'의 합성어로, 2001년 이탈리아 밀라노에서 열린 유로 메이데이 행사에서 유래했다. 한마디로 비정규·불안정 노동에 시달리는 신 무산계급을 의미한다. 신자유주의가 세계적으로 위세를 떨치면서 예전에 당연시되었던 정규직 일자리가 오히려 예외적 일자리가 되면서 인턴과 아르바이트가 보편적 일자리가 되는 전도현상이 벌어졌다. 이것이 바로 불안 노동의 전면화다. 프레카리아트는 이런 '신자유주의 이후 시대의 보편계급'인 것이다. 청년들의 다수가 프레카리아트다. 하지만 모든 청년이 프레카리아트는 아니다. 이 '균열'을 절실히, 그리고 똑똑히 인식하지 않으면 청년 세대의 정치는 언제까지고 기성세대의 들러리로 존재할 수밖에 없다.

환상은 대의될 수 없다. 기성세대의 머릿속에 존재하는 그런 청년은 어디에도 존재하지 않는다. 어떤 세대의 이념성을 선험적으로 전제하거나 단죄하는 행위는 세대 모순을 해결하는 데 아무런 쓸모가 없다. 청년 세대를 하나의 단일한 실체로 대상화할수록 아이러니하게도 우리는 세대 모순의 본질로부터 멀어질 뿐이다. 세대 모순은 계급 모순의 표면 효과다. 청년 세대가 겪고 있는 고통스런 현실은 그들 내부의 계급적·젠더적 차이를 직시할 때 비로소 속살을 드러낸다. 청년 세대의 정치가 아닌, 프레카리아트의 정치가 필요한 이유다.

―『르몽드 디플로마티크』 2012년 4월호

20대, '개새끼'와 '영웅' 사이

> 이번 총선에서도 20대 투표율이 27%였다는 소문이 퍼지며 '20대 개새끼론'이 유포됐다. 서울 20대 투표율이 64%라는 출구 조사 결과가 나오자 분위기가 반전됐다.

어떤 마을에 '개새끼'와 '영웅'이 살고 있다. 재밌는 건 개새끼와 영웅이 별개의 인간이 아니라 어떤 때는 개새끼였다가 어떤 때는 영웅이 된다는 점이다. 그러나 언제 개새끼가 되고 언제 히어로가 되는지를 본인이 결정하지는 못한다. 오직 호명되거나 호출될 뿐이다. 무슨 소리냐고? 한국 사회의 영원한 '개새끼'이자 '희망'인 20대, '꽃' 같기도 하고 '엿' 같기도 한 청춘들 얘기다.

이번 총선에서도 여지없이 '20대 개새끼론'이 유포됐다. 야권의 패배가 확실시되자 20대 투표율이 고작 27%였다는 소식이 순식간에 확산됐고, '20대 여성'의 투표율은 8%에 불과했다는 충격적인 이야기가 기정사실인 양 유통됐다. 서울 강남 타워팰리스의 투표율이 투표 시작 직후 78%에 달했다는 말까지 더해지면서 20대와 20대 여성에 대한 여론은 점점 더 험악해졌다.

결론만 말하자면 27%, 8%, 78%라는 세 개의 숫자 전부, 아무 근거 없는 루머였다. 정작 문제는 그런 루머의 존재 자체가 아니다. 이 어처구니없는 소문이 처음부터 무시되지 않고 쉽게 받아들여졌다는 것이야말로 의미심장한 사건이다. 더 중요한 건 이런 현상이 이번 한 번이 아니라 선거 때마다 거의 똑같이 반복됐다는 점이다. 2008년 18대 총선에서 나온 '20대 투표율 19%' 루머는 몇 주 동안 기정사실화되는 바람에 일간지의 지식인 대담 기사 제목으로 뽑혔을 정도다.*

이번 19대 총선의 출구 조사 추정치가 발표되자 상황은 극적으로 반전된다. 서울 지역 20대 투표율이 64%라는 출구 조사 결과가 나오자 사람들은 돌변했다. "20대에게 사과한다" "역시 서울 20대가 히어로" 등 칭찬 릴레이를 벌였다. 이 또한 2011년 박원순 서울시장 당선 직후 벌어졌던 해프닝의 재판이다. 촛불시위 당시 '생각 없는 20대'를 맹비난해 이름을 날

---

* 「20대 투표율 19%는 대의정치 심각한 위기」, 『경향신문』, 2008년 4월 11일자.

렸던 '나꼼수' 김용민 씨는 박원순 시장 당선에 20대 지지가 도움이 됐다는 게 알려지자 언제 그랬냐는 듯 '20대 희망가'를 불러댔다.

『88만 원 세대』 공저자 우석훈은 지난 3월 26일 블로그에 글을 올려 "『88만 원 세대』라는 책이 20대가 싸우지 않을 핑계를 제공했다"라면서, 책을 읽고도 저항하지 않는 20대에 대한 실망을 토로하며 『88만 원 세대』의 절판을 선언했다. 다른 한 명의 공저자와도, 출판사와도 전혀 협의하지 않은 일방적인 선언이었다. 2009년 초 『조선일보』가 88만 원 세대론을 '486세대'와 20대를 분열시키는 세대 갈등론과 세대 자질론으로 왜곡해 진보적 의미를 탈색시키고 있을 때, 이를 공식적으로 지지하고 나섰던 이가 우석훈이다.* 당시에 나는 공저자로서 그의 행동을 묵과할 수 없다고 판단했고 조목조목 비판하는 글을 쓴 바 있다.

세대의 이념 성향은 신뢰할 수 없는 지표
『88만 원 세대』라는 책의 한계를 화풀이하듯 20대에게 전가해 버리는 방식으로 뒤늦게 우석훈은 '20대 개새끼론자'가 됐다. 그의 행위 역시 결국은 한국 사회에 만연한 어떤 돌림병의 한

---

* 「20대 당사자 운동과 변희재의 실크 세대」, 『한겨레』, 2009년 1월 15일자.

증좌다. 사회문제를, 심지어 자기 자신의 문제를 특정 세대의 문제로 전가시키고 희생양으로 삼는 '세대 환원론'이라는 이름의 돌림병 말이다.

문제는 20대가 실제로 개새끼인지, 아니면 희망인지 따위가 아니다. 조사해보면 세대의 이념 성향이나 정치 참여도는 단기간에 크게 급변한다. 계급 적대가 정당을 통해 제대로 대의되지 못하는 한국 사회이기에 특정 세대의 이념은 정치적 계기에 따라 끊임없이, 그것도 큰 폭으로 진동할 수밖에 없다. 요컨대 세대의 이념 성향은 신뢰할 수 없는 지표다. 섣부른 20대 혐오론과 20대 희망론에 공히 거리를 두고 신중히 바라보면 그제야 비로소 보일 것이다. '개새끼'도 '영웅'도 아닌 프레카리아트 청춘들의 난처한 얼굴이.

—『시사IN』 241호, 2012년 5월

소수의견

ⓒ 박권일, 2012

초판 1쇄 인쇄 2012년 6월 21일
초판 1쇄 발행 2012년 7월 5일

지은이	박권일
펴낸이	강병철
주간	정은영
책임편집	문여울
편집	한승희
제작	고성은 김우진
마케팅	조광진 장성준 박제연 이도은 전소연 김우리
E-사업부	정의범 조미숙 이혜미

펴낸곳	자음과모음
출판등록	1997년 10월 30일 제313-1997-129호
주소	121-840 서울 마포구 서교동 396-33번지
전화	편집부 02) 324-2347 경영지원부 02) 325-6047
팩스	편집부 02) 324-2348 경영지원부 02) 2648-1311
이메일	inmun@jamobook.com
홈페이지	www.jamo21.net

ISBN 978-89-5707-673-6 (03300)

잘못된 책은 교환해드립니다.
저자와의 협의하에 인지는 붙이지 않습니다.